治理贫困

——易地搬迁与精准扶贫

ZHILI PINKUN

何得桂 著

知识产权出版社
全国百佳图书出版单位

图书在版编目（CIP）数据

治理贫困：易地搬迁与精准扶贫/何得桂著．—北京：知识产权出版社，2017.4
ISBN 978－7－5130－4876－7

Ⅰ.①治…　Ⅱ.①何…　Ⅲ.①扶贫—研究—中国　Ⅳ.①F124.7

中国版本图书馆CIP数据核字（2017）第076681号

内容提要

治理贫困是政府职能转型与预防式治理的具体体现，也是推进国家治理现代化的重要路径。通过移民搬迁安置一批农村贫困人口既是实施精准扶贫、精准脱贫基本方略的重要组成部分，也是全面打赢脱贫攻坚战的关键举措和有效实现形式。基于对移民搬迁"陕西样板"的多年调查研究，《治理贫困——易地搬迁与精准扶贫》一书首次较为系统地阐释和回答了中国易地移民搬迁工程中的若干重大理论问题，分析了易地搬迁与精准扶贫的关系结构及运行机制，探讨了脱贫攻坚进程中移民搬迁的具体实现路径及其政策、策略。它对精准扶贫精准脱贫的生动实践及其发展历程进行了理论分析和深度总结，构建了加快摆脱贫困的长效机制，进一步加深了对中国贫困发生规律、贫困治理规律的认识，为我国打赢脱贫攻坚战提供了有力的理论指导和借鉴意义。

责任编辑：兰　涛　　　　**责任校对**：谷　洋
封面设计：郑　重　　　　**责任出版**：刘译文

治理贫困——易地搬迁与精准扶贫

何得桂　著

出版发行：知识产权出版社有限责任公司　　网　　址：http://www.ipph.cn
社　　址：北京市海淀区西外太平庄55号　　邮　　编：100081
责编电话：010－82000860转8325　　责编邮箱：lantao625@163.com
发行电话：010－82000860转8101/8102　　发行传真：010－82000893/82005070/82000270
印　　刷：北京科信印刷有限公司　　经　　销：各大网上书店、新华书店及相关专业书店
开　　本：720mm×1000mm　1/16　　印　　张：15.5
版　　次：2017年4月第1版　　印　　次：2017年4月第1次印刷
字　　数：220千字　　定　　价：45.00元
ISBN 978-7-5130-4876-7

2013年1月，何得桂参加西北农林科技大学原校长孙武学组织的课题组在蓝田县调研合影

2014年7月，何得桂、张正新等人在安康市石泉县池河镇调研合影

2016年1月，何得桂副教授作为陕西省避灾扶贫移民搬迁工程实践经验课题组主要成员在宁强县大安镇桑树湾安置点入户走访

2016年5月，何得桂副教授受邀参加陕西省政协常委视察团在视察西乡县骆加坝期间的留影

2016年7月，何得桂副教授带队到白河县等地调研精准扶贫

2016年12月，何得桂副教授在商洛市商州区开展脱贫攻坚第三方评估合影

移民搬迁：治理贫困的有效实现形式（自序）

摆脱贫困或者说治理贫困是现代政府的重要职责，也是社会发展的客观需要，更是公民实现自由而全面发展的必然要求。“十三五”时期，是中国全面建成小康社会的决胜阶段，也是脱贫攻坚进入全面“脱贫摘帽”的冲刺阶段。导致农村贫困人口致贫的因素是复杂的，也是多样的，如果从中观层面进行考察，致贫因素主要有两种类型：一种是先赋型贫困，它与较为恶劣的生存环境和难以转化为资本的资源禀赋等自然条件密切关联；另一种则是后天型贫困或者称之为支出型贫困，它大都与因病、因学、因无劳动能力、因婚、因综合素质等与个体条件紧密相关。脱贫攻坚进程中的移民搬迁（或者称为易地搬迁）是对“一方水土养不起一方人”地区建档立卡的贫困人口实施易地扶贫搬迁，还包括生态扶贫搬迁、避灾移民搬迁等，它们都力争实现“搬得出、稳得住、能脱贫”的政策预期目标。

2015 年 6 月 18 日，习近平总书记在贵州调研期间专门组织召开的集中连片特困地区扶贫攻坚座谈会上明确指出：要因地制宜研究实施“四个一批”的扶贫攻坚行动计划，即“通过扶持生产和就业发展一批、移民搬迁安置一批、低保政策兜底一批、医疗救助扶持一批”。移民搬迁在精准扶贫、精准脱贫基本方略中的地位得以正式确立，成为脱贫攻坚的主要实现形式之一，并在减贫实践中发挥着更加重要的作用。2016 年 7 月 19 日，习近平总书记在宁夏永宁县闽宁镇原隆移民村考察时指出，移民搬迁是脱贫攻坚的一种有效方式。要总结推广典型经验，把移民搬迁脱贫工作做好。2016 年 8 月 22 日至 24 日，习近平总书记考察青海期间深入到两个少数民族村落，对当地干部指出，一定要把易地扶贫搬迁工程建设好，保质保量地让村民们搬入新居。大家生活安顿下来后，各项脱贫措施要跟上，把生产搞上去。易地扶贫搬迁不仅要改善人居条件，更要实现可持续发展。李克强总理指出，易地扶贫搬迁，就是要从源头斩断贫困之根，使乡亲们彻底告别因自然条件恶劣和偏远闭塞导致的贫困。由此可见，移民搬迁成为打赢脱贫攻坚战中的重大战役，也是社会科学界需要予以认真研究的重大课题。

习近平总书记2016年5月17日在哲学社会科学工作座谈会上要求，“重点围绕国家重大战略需求开展前瞻性、针对性、储备性政策研究”“理论创新只能从问题开始”“问题是创新的起点，也是创新的动力源”。由此可见，社会科学研究要坚持“顶天立地”的学术宗旨，坚持理论联系实际的学术品格，坚持协同创新的学术追求，努力做到“把汗水撒在田野里，把文章写在大地上”。作为一名长期从事山区发展与基层治理研究的学者，我认为研究要紧紧围绕解决农村农民问题的国家目标开展科学研究，将国家需要作为首要目的。与此同时，研究要把实地田野调查作为基本方法，长期深入扎根基层，进村入户实地调研，持续跟踪农村变迁，用调查得到的事实和数据服务公共决策、服务于改革发展。此外，要坚持问题导向和学术导向相结合，注重学术前沿研究，保持研究问题的先进性、科学性和实用性。

基于上述认识和学术规划，早在2011年，我就把研究的主要精力都放在了秦巴山集中连片特困地区移民搬迁安置上，特别是对陕南地区避灾移民搬迁工程做了大量的实证研究，先后主持了《陕南地区大规模避灾移民搬迁政策执行研究》《陕南避灾扶贫移民生计可持续发展研究》《陕南移民搬迁成效评价及政策完善研究》《陕西省移民搬迁年鉴（2010—2015）编撰与出版》《脱贫攻坚进程中精准扶贫政策成效评价及提升研究》等多项直接研究移民搬迁的研究课题。依托这些课题我组建了一支由10名专家学者组成的研究团队，协同开展调查研究和理论攻关。陕南地区共有28个县

（区），我实地调研过其中的24个县（区），走访的安置社区（点）约200个，收集了大量的第一手数据和资料。2015年开始，我的团队还对关中、陕北地区的移民搬迁工程进行了密切关注和跟踪调查研究。我和我的团队一直用纯净的眼光、理性的思考和深沉的情感看待中国移民搬迁、分析农村贫困治理。

值得一提的是，这些年我和我的团队对陕西移民（脱贫）搬迁在理论和实践方面的创新进行了较为系统的研究，在《国家行政学院学报》《改革》《社会科学战线》*Ecological Economy* 等中外刊物上发表了近30篇的学术论文，在人民出版社等出版机构出版著作5部，提出了一系列富有前瞻性的学术思想，譬如，提炼出了“预防式治理”“移民搬迁式就近城镇化”“包容性扶贫”“韧性减贫”等学术思想。上述观点获得政府和学界的认可、采纳。其中：本人在《党政研究》2015年第5期发表的文章《移民搬迁：集中连片特困地区精准扶贫的有效实现路径》与习近平总书记2016年7月19日在宁夏永宁县闽宁镇原隆移民村考察时指出“移民搬迁是脱贫攻坚的一种有效方式”具有较高的吻合性和内在的一致性。本人2013年提出的“预防式治理”学术概念和分析框架，已被学界和陕西省人民政府认可和采纳。2016年5月19日陕西省人民政府庄长兴副省长在全省移民（脱贫）搬迁工作电视电话会议上的讲话中明确采用“预防式治理”并写进相关政府文件。2016年6月，由陕西省国土资源厅主管、陕西移民（脱贫）版工作办公室主办的《当代移民搬迁》正式创刊并出版第一期，陕西省人民政府胡和平省长撰写的发刊词《让安居乐业的梦想照进现实》采用了“预防式治理”。2016年7月15日，中共陕西省商洛市委书记陈俊在全市移民（脱贫）搬迁推进会上的讲话中也使用了“预防式治理”[1]。2016年8月下旬，陕西省国土资源厅政策调研组撰写的《深刻理解省委省政府

[1] 陈俊同志在全市移民（脱贫）搬迁推进会上的讲话［N］. 商政通报，2016（12）.

决策部署是扎实有效推进当前移民搬迁工作的根本保证——全省移民搬迁工作观摩座谈会精神学习体会》也使用“预防式治理”这一学术主张。新华网、人民网、中国新闻网、《陕西日报》等众多主流媒体报道了本人学术观点和政策主张。

与此同时，由本人领衔撰写的《进一步完善陕南移民搬迁安置政策的若干建议》《采煤沉陷区搬迁安置：农民的盼与忧——基于陕北地区采煤沉陷村的调查与研究》等多篇研究报告获得陕西省委、省政府领导的重要批示并被陕西省国土资源厅、陕西移民（脱贫）搬迁工作办公室等多个单位在实际工作中予以应用，对于提升移民搬迁效益产生了良好的资政服务作用。

2011 年以来，陕西、贵州、江西、宁夏、甘肃等 10 多个省（区）纷纷推出了内容和出发点大同小异的移民搬迁规划并积极付诸实践，取得了显著成效。从全国范围来看，在众多的移民搬迁实践中，陕西省的移民（脱贫）搬迁工程走在了全国前列，被誉为移民搬迁的“陕西样本”。习近平总书记指出，“要因地制宜研究实施包括移民搬迁安置一批在内的扶贫攻坚行动计划，对居住在‘一方水土养不起一方人’地方的贫困人口实施易地搬迁，将这部分人搬迁到条件较好的地方，从根本上解决他们的生计问题”。2011 年 5 月 6 日正式启动实施的、被誉为新中国成立以来“最大规模”的移民工程——陕南地区避灾移民搬迁工程是最近几届陕西省委、省政府有计划、有组织开展的一项重大民生工程、发展工程和生态工程。

事实上，陕西移民搬迁工程备受社会的广泛关注。2014 年春节前，中共中央政治局常委、国务院总理李克强同志在陕南地区视察时，特别强调“要对不具备生存条件的地方进行整体搬迁，通过发展小城镇，一方面把扶贫资金不投到那些该搬迁的村，避免浪费；另一方面也可使搬迁的群众享受城里人一样的公共服务”。可以说，李克强总理的上述讲话代表中央对陕西秦巴山区移民搬迁给予了充分肯定。2016 年 3 月 24 日，中央财办副主任兼中农办副主任韩俊同志在陕西省调研时，明确指出“中央制订脱贫攻坚‘五个一批’之‘易地搬迁一批’政策就是源于陕南移民搬迁的成功经验”。2017 年 1 月 20 日至 21 日，中共中央政治局委员、国务院副总理、国务院扶贫开发领导小组组长汪洋在陕西省调研脱贫攻坚和易地扶贫搬迁工作。在 2017 年 1 月 21 日上午召开的座谈会上，汪洋同志对陕西易地扶贫搬迁工作给予了充分肯定，他指出，陕西强化五级书记抓搬迁，把移民搬迁放在“四化同步”的全局高度，进一步系统谋划、强化统筹、提高补助、严控面积、优化政策，很好地贯彻落实了中央关于易地扶贫搬迁“搬迁不举债，搬后能脱贫”的要求，各项工作都取得了积极成效，工作是经得起检验的，值得充分肯定。可见，陕西的移民搬迁实践为我国包括易地扶贫搬迁、避灾移民搬迁、生态移民搬迁等大规模移民搬迁活动创造了宝贵的、可供借鉴的经验，实现了“搬迁不举债，搬后能脱贫”的政策目标。可见，在脱贫攻坚进程中，有必要对陕西移民搬迁工程实践经验进行系统总结和科学研究，以便更好地推进贫困治理和全面建成小康社会的实现。

“研究方法应当是实用而灵活的，由令人满意的描述和解释研究的课题加以确定。”❶“谨慎的社会科学家，就像明智的发明家一样，必须依靠多元化来增强任一单一工具力量，并弥补其不足……为了理解一个制度的运作——以及不同的制度为何功效不同——我们必须应用各种技术。”❷呈现在读者面前的《治理贫困——易地搬迁与精准扶贫》这部书采取理论研究与实证分析相结合的方式，充分借鉴和运用公共治理、反贫困、政策运行、制度创新、公共利益共享等理论资源，以移民搬迁与贫困治理为主

❶ ［苏］列宁. 哲学笔记［M］. 中共中央马克思恩格斯列宁斯大林著作编译局，译. 人民出版社，1974：285.

❷ ［美］罗伯特·D·帕特南. 使民主运转起来——现代意大利的公民传统［M］. 王列，赖海榕，译. 江西人民出版社，2001：12.

线，通过数据分析、案例剖析、对比分析、历史比较等多种方法应用，对西部地区移民搬迁工程，特别是陕西的移民搬迁工程展开多维度、全方位的研究和展望，力争做到理论与实践的统一，经验总结与理论提升的有机结合，在系统总结陕西移民搬迁经验的同时为我国打赢脱贫攻坚战提供一定的理论指导和政策借鉴，为实现国家治理体系和治理能力现代化做出有益尝试和“陕西样本”。

研究发现：为破解自然灾害之殇与贫穷落后之困，走出“受灾—重建—再受灾”的恶性循环，陕西省坚持按照以人为本、生命至上、敬畏自然、主动避灾的方式以及“蚂蚁啃骨头”的精神来持续推进移民搬迁。以避灾减贫为核心追求的陕西移民搬迁工程既是推进山区就近城镇化、农业现代化和公共服务均等化、促进“三个陕西”建设❶的重大举措，完全契合中央精准扶贫、精准脱贫的要求，也是贯彻习近平总书记提出的“五个扎实”要求❷，特别是贯彻落实“扎实做好保障和改善民生工作”的重要体现。政府推动下、企业参与、社会协同和群众自愿的以减轻环境资源承载力、提高人口和产业聚集效应、减少山区民众灾害胁迫为核心的移民搬迁这一重大举措是“以退为进”的有效路径，对于减少贫困、改善民生、保护生态环境等都具有举足轻重的作用。

研究表明：政府推动下，以“避灾减贫”为目标的陕西大规模避灾扶贫移民搬迁工程不仅仅是简单地“搬家”和物理空间的变化，还是增强社会互动、推动农村城镇化和农业现代化的过程。在全国 14 个集中连片特困地区中，陕西秦巴山区的脱贫速度较快，区域贫困发生率显著降低，公共基础设施水平得到明显提高，促进公共服务可及性及区域公共

❶ 指的是建设“富裕陕西、和谐陕西、美丽陕西”。

❷ 2015 年春节前夕，习近平总书记到陕西视察工作时对陕西明确提出了“五个扎实”的要求，即：扎实推进经济持续健康发展，扎实推进农业现代化建设，扎实加强文化建设，扎实做好保障和改善民生工作，扎实落实全面从严治党。

基础设施均质化。开展移民搬迁活动是快速提升贫困山区城镇化水平的有效路径，更是推动就地（就近）城镇化的有力举措。移民搬迁式就近城镇化可成为中国新型城镇化发展的重要推进模式。在移民搬迁中推进城乡一体化发展，不仅有利于增强农村社会稳定，也显著提升了城乡发展活力，还有助于农村地区减少贫困及社会风险，从而增强基层治理现代化的能力。

本书认为，以陕西为代表的大规模移民搬迁工程的实施是精准扶贫、精准脱贫生动而成功的实践。通过开展大规模的移民搬迁活动促使贫困地区的社会整体福祉得以显著提升。兼顾避灾、扶贫、生态和发展等多维目标的移民搬迁活动是推进脱贫攻坚、治理贫困的重要路径，也是推动贫困地区加快发展的有力举措。移民搬迁的有力开展惠及了陕西山区数百万的民众、产生了巨大的综合效益，也为全国更好地推进移民搬迁与精准扶贫以及治理农村贫困创造了可借鉴、可复制、可推广的宝贵经验，为我国全面打赢脱贫攻坚战和提高贫困治理能力现代化提供了诸多有益的启示。

陕西移民（脱贫）搬迁工程是贯彻落实“五大发展理念”的生动实践，也是实现“追赶超越”目标的重要举措。既十分注重“搬得出、稳得住”，也高度重视“能致富”和产业支撑，它实现了移民搬迁政策的经济、生态、社会等多维的预期成效，是一项“功在当代、利在千秋”的惠民工程，也是一项治本性的民生工程、全局性的发展工程和关键性的生态工程，更是推进地方贫困治理的一项重大改革和积极探索。移民搬迁与精准扶贫是治理贫困的有效实现形式，也是加快消除贫困的重要举措。包括精准扶贫在内的农村减贫工程本质上是一项贫困治理工程或者说基层治理现代化工程。推动精准扶贫、精准脱贫方略的有效实施，离不开贫困治理体系和治理能力的现代化。摆脱贫困的进程中离不开治理贫困。要“一手抓脱贫攻坚，一手抓基层治理”，寻求最佳治理支点，完善基层治理体系。在今后的减贫实践中，既要帮助各级干部告别“思想贫困”和摆脱“作风贫困”以及消除“制度贫困”，还需要有效激发贫困人口脱贫致富的内在动力和积极性，特别是要使基层政府和社会进一步优化和整合贫困治理体系、持续增强贫困治理能力以及不断改进贫困治理方式，进而有效提高脱贫攻坚质量和广大群众的获得感。

目　录

第一章　开展避灾扶贫移民搬迁的SWOT态势分析 …………………（1）

一、风险社会、移民搬迁与现代政府职能转型 …………………（3）

二、移民搬迁的陕南实践与SWOT态势分析法 …………………（5）

三、SWOT分析法视野下避灾扶贫移民搬迁现状检视 …………（7）

四、SWOT矩阵模型下避灾扶贫移民的发展策略 …………（13）

第二章　大规模避灾扶贫移民搬迁：风险及其超越 ……………（19）

一、贫困治理要重视移民搬迁风险研究 ……………………（21）

二、生存环境重建风险及其可持续发展导向的规划调整 ……（23）

三、社会文化重构风险及其治理提升取向的整合趋势 ………（26）

四、发展能力重塑风险及其人本发展导向的发展转变 ………（28）

五、超越移民搬迁各种风险 ……………………………（31）

第三章　城镇化背景下移民搬迁过程中的政府作用 ……………（33）

一、应运而生的避灾扶贫移民搬迁 ………………………（35）

二、有待加强的避灾扶贫移民搬迁研究 ……………………（36）

三、山区避灾扶贫移民过程中的政府作用 …………………（37）

四、移民搬迁要注重政府与市场的合作 ……………………（46）

第四章　精准扶贫背景下移民搬迁的价值及限度 ………………（49）

一、精准扶贫中的"陕南实践" …………………………（51）

二、避灾扶贫移民搬迁的价值 …………………………（53）

三、避灾扶贫移民搬迁的限度 …………………………（55）

第五章　灾害风险视域下避灾移民迁移机理及应对 …………………（59）
一、要从灾害风险角度研究避灾扶贫移民 …………………………（61）
二、灾害风险的形成及对避灾移民搬迁的影响 ……………………（63）
三、避灾扶贫移民的迁移机理分析 …………………………………（65）
四、避灾移民搬迁现状与发展趋势 …………………………………（67）
五、应对灾害型移民及相关问题的对策思考 ………………………（70）
六、通过主动作为化解灾害风险 ……………………………………（72）
第六章　片区避灾扶贫移民搬迁与社会排斥机制 ……………………（73）
一、基于农户本位的移民搬迁研究 …………………………………（75）
二、社会排斥理论与移民搬迁 ………………………………………（76）
三、移民过程中的"搬富不搬穷"现象………………………………（79）
四、移民搬迁中的社会排斥因素分析 ………………………………（82）
五、移民搬迁要兼顾效率与公平 ……………………………………（86）
第七章　秦巴山区移民搬迁的资金问题及破解 ………………………（89）
一、移民搬迁工程遭遇资金难题 ……………………………………（91）
二、被调查样本的基本情况 …………………………………………（92）
三、移民搬迁资金来源困境分析 ……………………………………（93）
四、化解移民搬迁资金困境的路径 …………………………………（97）
五、进一步的思考 ……………………………………………………（100）
第八章　易地搬迁与移民型安置社区管理创新 ………………………（103）
一、移民搬迁引发村落单元的变革 …………………………………（105）
二、避灾扶贫移民搬迁社区管理现状 ………………………………（106）
三、避灾扶贫移民型社区：基本类型与典型代表 …………………（108）
四、进一步加强山区避灾扶贫型移民社区管理 ……………………（112）
五、提升移民社区治理水平任重道远 ………………………………（116）

第九章　可持续生计视角下山区移民搬迁问题研究 …………………（119）
一、聚焦搬迁户“能致富”问题 ……………………………………（121）
二、研究个案及调查基本情况 ……………………………………（122）
三、避灾扶贫移民的可持续性问题考察 ……………………………（123）
四、影响避灾扶贫移民可持续生计的原因 …………………………（126）
五、促进避灾扶贫移民生计可持续发展的路径 ……………………（127）
第十章　持续推进移民搬迁面临的新情况与对策建议 ………………（131）
一、移民搬迁的成效评估 …………………………………………（133）
二、移民搬迁面临的新情况 ………………………………………（135）
三、深化移民搬迁的对策建议 ……………………………………（136）
第十一章　脱贫攻坚进程中的移民搬迁精神 ………………………（139）
一、精准扶贫思想的生动实践孕育伟大的移民搬迁精神 ………（141）
二、陕西移民搬迁精神具有丰富而深刻的思想内涵 ………………（142）
三、在开拓移民搬迁脱贫新境界中丰富移民搬迁精神内涵 ……（150）
第十二章　农民对精准扶贫政策的认知、需求及评价 ………………（153）
一、精准扶贫专题调查基本情况 …………………………………（155）
二、农户对扶贫政策的知晓率 ……………………………………（156）
三、农户对精准扶贫政策的需求 …………………………………（176）
四、农户对精准扶贫政策的态度 …………………………………（179）
五、精准扶贫政策的被调查农户评价 ……………………………（191）
六、大样本调查的基本结论 ………………………………………（210）
七、提高脱贫攻坚治理的对策建议 ………………………………（211）
附　录 ……………………………………………………………（214）
主要参考文献 ………………………………………………………（230）
后　记 ……………………………………………………………（232）

第一章

开展避灾扶贫移民搬迁的SWOT态势分析

推进避灾扶贫移民搬迁是中国农村改革发展的一项重要课题。它符合移民搬迁与时俱进的内在要求，符合国家城乡发展政策的导向，但是当前的移民搬迁在制度安排、基层实践和体制机制等方面还存在诸多问题。制订避灾扶贫移民未来的发展规划时，可运用 SWOT 动态分析法来综合分析它的优势、劣势、机遇和挑战。通过 SWOT 矩阵的建构，深化避灾扶贫移民活动可采取 S—O（增长型）、W—O（弥补型）、S—T（拓展型）以及 W—T（防御型）等发展策略。

一、风险社会、移民搬迁与现代政府职能转型

移民问题是当今中国面临的重大现实问题之一。依据能否自愿选择的标准，可将移民分为自愿移民和非自愿移民。工程移民、生态移民、灾害移民、扶贫移民、环境移民和战争移民等均属非自愿移民范畴[1]。随着经济社会的迅速发展，生态移民、工程移民受到国家和社会前所未有的重视和有力推进。在当下的中国，与基于保护生态系统的生态移民相比，基于减灾避险的灾害移民还未得到应有重视[2]。事实上，灾害移民正成为中国非自愿移民领域中的主要组成部分。自1998年起，自然灾害导致的人口迁移数量超过因战争和其他冲突而出现的迁移人口[3]。据亚洲发展银行报告，仅洪涝、强风暴雨、地震等灾害2010年就致使3000多万（次）人转移。中国灾害移民由来已久，涉及面广人多，危害严重，近年来自然灾害的数

---

[1] 施国庆．非自愿移民：冲突与和谐［J］．江苏社会科学，2005（5）：22－25.

[2] 申欣旺．灾害移民：不能忽视的立法空白［J］．中国新闻周刊，2011（19）：31－33.

[3] Keane，D. The Environmental Causes and Consequences of Migration：A Search for the Meaning of Environmental Refugees［EB/OL］. Georgetown International Environmental Law Review，2004. Winter. Http：//findarticlescom/p/articles/mi_ qa3970/ is_ 200401/ai_ n93538，Accessed on July 13，2008.

量和因灾导致的损失有逐年增加的趋势，而在经济欠发达的西部地区更是灾害频发的高危地带，饱受各类灾害胁迫。开展避灾扶贫移民搬迁已成为西部地区现代化进程中一项重要而紧迫的课题。

迄今为止，国内外学者对于中国的生态移民、工程移民等关注得较多，相关成果层出不穷。按照人口迁移出现时间节点的不同，灾害移民可分为受灾型灾害移民和避险型灾害移民❶，从“因灾移民”到“因险移民”将是灾害移民的发展趋势❷。面对未来，要跳出以往“应急救援、原地重建”传统的治理型抗灾逻辑，政府要展现出足够的魄力和远见，采取具有预见性的减灾策略。但是学界对灾害型移民，特别是避灾移民的研究尚未引起足够重视，相关研究成果较为匮乏❸，难以满足现实社会的需求。尽管生态移民与灾害型移民有一定的共同之处，但是差异性也较为明显。它们遵循的是两条有所不同的运作理念和推进模式，后者的做法既不能完全依照已有的移民理念，也不能简单地移植前者的一般做法。与此同时，现代政府在力量集结、制度供给、资源整合和政策执行等方面为包括避灾扶贫移民在内的大规模移民搬迁活动的及时开展发挥了应有作用。这就需要在新的环境下全面分析避灾扶贫移民搬迁的优势与劣势，把握机会，迎接挑战，使之能够满足日益增长的灾害型移民的发展需要，构建符合避灾扶贫移民发展逻辑与实践演进的移民模式。为实现上述设想，可采用管理学领域常用的SWOT分析法，借助个案分析以微观透视宏观，使我们能更全面地分析西部地区乃至全国避灾扶贫移民的发展态势，从而制订出科学的发展策略。

---

❶ 陈勇. 对灾害与移民问题的初步探讨［J］. 灾害学，2009（2）：138－143.

❷ 周洪建. 灾害移民的未来动向：从“因灾移民”到“因险移民”［J］. 中国减灾，2011（21）：38—39.

❸ 施国庆，郑瑞强，周建. 灾害移民的特征、分类及若干问题［J］. 河海大学学报（哲学社会科学版），2009（1）：20－24.

二、移民搬迁的陕南实践与SWOT态势分析法

（一）陕南避灾扶贫移民概述

陕西省南部地区（以下简称陕南）山大沟深，滑坡、洪水、泥石流等地质灾害隐患数量多、密度大、分布广、发生频繁，仅2010年就致使237人遇难或失踪。在现代社会，由于政府能力和责任意识的持续增强，它不仅要在自然灾害已发生区域开展移民活动，还要在发生高风险地区尽可能进行有计划的人口迁移，以减轻未来可能造成的损失。在此背景下，为有效消除自然灾害等因素的胁迫和改善山区居民生产生活条件，被称为“新中国成立以来最大移民工程”的陕南避灾移民搬迁工程应运而生。2011年5月6日，陕西省正式启动实施这项为期十年、计划投资1109亿元以“避灾减贫”为特色的移民工程。搬迁对象涉及陕南3市（安康、汉中和商洛）28个县（区）中的60万户、240万人，移民数量历史罕见，远超过三峡工程的移民规模。因涉及洪涝灾害移民、地质灾害移民、扶贫移民、生态移民等多种类型，统称避灾移民；2011—2015年优先开展地质灾害移民和洪涝灾害移民。对多灾多难的陕南而言，它的实施“足以与废除几千年来的农业税政策相提并论”[1]。为推动此项工作，陕西省颁布《陕南地区移民搬迁安置工作实施办法（暂行）》《陕南地区移民搬迁安置建房资金筹措方案》等一系列政策文件；各级政府成立陕南移民搬迁工作领导小组及其办公室，制订年度计划，逐级分解任务同时签订《陕南移民搬迁目标责任书》，开展考核评比等工作。截至2012年年底，已有8万户29.5万群众迁移到远离灾害的移民社区，5万多五保户、特困户没掏一分钱就住进新房[2]；通过集中安置推动陕南城镇化率提升2%；2012年陕南强降雨不断，

---

[1] 孟登科.1.5个“三峡”，如何搬得动？[N]. 南方周末，2010-12-23（21）.

[2] 乔佳妮.我省实施陕南移民搬迁综述［N］. 陕西日报，2013-05-21（1）.

但集中安置社区都安全度汛，避灾移民取得较好经济社会效益。政府推动下主动规避灾害，采取不再简单“复制农村”为主要做法的陕南避灾移民搬迁工程，因其启动较早、规模最大、影响广泛，选择它作为西部地区避灾移民的个案分析，既有典型性也有代表性。

（二）SWOT分析模型的概念及应用

作为一种态势分析法的SWOT分析（SWOT Analysis）是战略研究设计学派的著名战略系统模型，被广泛应用于行业研究、区域研究和企业研究。它由著名管理学家K. J. 安德鲁斯1971年在《公司战略概念》一书中首次提出。SWOT分别是英文Strength（优势）、Weakness（劣势）、Opportunity（机遇）和Threats（威胁）的缩写。该模型通过列举研究对象同时存在的内部环境的优势和劣势、外部环境的机会与挑战，运用系统分析的思想，观察整个系统环境，并把各种因素进行匹配分析，得出科学结论及发展策略。对它的分析主要采取以下三个步骤。

1. 分析系统的环境因素。采取各种调查研究方法，剖析出组织所处的内外部环境因素。其中，外部环境条件包括机会和挑战，属于直接影响组织发展的客观性因素；至于内部环境因素则是优势与弱点，属于组织发展进程中自身的主观因素。梳理上述因素时，组织的历史表现、现实状况和未来发展趋势等要予以综合考虑。

2. 建构SWOT矩阵模型。在分析外部条件和内部因素的基础上，SWOT分析法按照影响程度或轻重缓急将各种因素予以排序，即构建SWOT矩阵。矩阵构建过程要将那些对组织发展有重要的、迫切的、直接的和久远的影响因素进行优先排列。

3. 制订相应的行动计划。构建好SWOT矩阵后，就要制订组织相应的发展策略。遵循的基本思路是：考虑过去，立足当下，着眼未来；发挥优势，克服不足；抓住机会，化解威胁。最终将各种因素相互联系并加以组合，获得有利于组织发展的一系列可供选择的对策。

SWOT分析模型与其他的分析方法相比，拥有显著结构化和系统性的特征。在它诞生之前，也有一些理论考虑到组织内部的弱点、优势，外部的威胁、机会等变化因素，但通常只是孤立地分析各种因素。SWOT分析法的最大贡献在于采用系统思维把这些看似独立的因素相互匹配起来进行综合性分析，扬长避短、趋利避害，使得发展计划的制订更加全面科学。

三、SWOT分析法视野下避灾扶贫移民搬迁现状检视

（一）西部地区避灾移民的内在优势

西部山区开展避灾移民活动的最大优势在于其具备相应的社会基础，包括经济条件、政府能力和移民意愿的支撑。实践层面上，推进陕南避灾移民的优势可概括为以下几个方面。

1. 政府的“高位推动”

“高位推动”是中国公共政策制定与执行的重要特征[1]。作为一项政府主导型的重大公共政策，中共陕西省委、省政府对陕南避灾移民工程的大力推动起着关键作用。时任陕西省委书记赵乐际、现任陕西省委书记赵正永都将其作为一件大事来抓，要用“蚂蚁啃骨头”的精神，把这件惠及民生的大事进行到底[2]。省政府出台《陕南地区移民搬迁安置总体规划(2011—2020年)》，成立作为避灾移民工作重要决策、议事、协调和服务机构的陕南地区移民搬迁工作领导小组和负责具体工作推进的陕南地区移民搬迁工作指挥部。明确县级政府是避灾移民工作的责任主体。自2013年起，陕西省把避灾移民搬迁资金落实和建设进度情况列为年度目标责任考核内容，并实行一票否决。统一组织18个省级部门与陕南各县全面对接2011—2013

---

[1] 贺东航，孔繁斌．公共政策执行的中国经验［J］．中国社会科学，2011（5）：61－79.

[2] 王乐文，姜峰．陕南移民240万拔“穷根儿”［N］．人民日报，2013－05－05（1）.

年避灾移民集中安置点配套建设项目。通过以合作、信任及整合为基础的多属性治理，推动了避灾移民政策的有力执行。

2. 经济的持续增长

处于西部欠发达地区的陕西省2002—2012年经济连续保持两位数增长；在全国31个省（区、市）中，经济总量位次由第21位升至第16位；2010年的GDP突破万亿元大关，2012年增至14451.18亿元。陕西2009年人均GDP超过3000美元，2012年突破6000美元，比全国人均GDP高出108元，首次超过全国平均水平。2007—2011年，陕南地区生产总值1417.52亿元，年均增长14.6%。经济呈现出加速增长态势，财政能力也显著增强。2007—2011年，全省财政收入年均增长29.9%；2012年全省财政总收入完成2800.1亿元。财政收入的突飞猛进，为推动实施陕南大规模移民提供了经济上的可能性。

3. 农户搬迁的意愿强

待迁农户搬迁意愿强烈与否对移民活动的推动和成效有较大影响。与离土又离乡的三峡移民相比，生活在陕南山区深受灾害胁迫和贫穷困扰的农民对于就近迁移、“离土不离乡”的避灾移民搬迁有较为迫切的愿望。绝大多数渴望有安全的居住条件、更好的人居环境以及享受更多公共服务。避灾移民搬迁在决策和执行中采取农民主体、政府主导的方式具有较为广泛的民意基础。课题组调查发现，由于陕南避灾移民基本上不存在文化适应问题，待迁移村庄中的家庭外出务工人员越多或者家庭经济收入越高，其搬迁意愿就越强。这有助于陕南避灾移民活动的顺利进行。

（二）西部山区避灾移民的潜在劣势

1. 土地承载力低，环境要求严格

推进陕南避灾移民活动面临的最大问题是山地多、平地少，人地关系高度紧张，土地环境承载力有限。据不完全统计，地质灾害易发区面积占陕西省国土面积的49%，陕南地区尤为严重。安康市60%～70%的群众居住在海拔800米以上且易受地质灾害影响的区域。“八山一水一分田”是陕南地理特征的形象表述。以安康市所辖的一区九县为例，较为开阔的平地只有安康城区、平利县城和汉阴县城，可供选择的避灾移民安置土地短缺明显。可耕地只占陕南土地总面积的1%左右，每平方公里能养活的人不超过15个，而目前生活着约900万人，远超过其土地承载能力。采取就近安置方式的陕南移民工程占地达1万多公顷，无法减轻陕南的人口承载力，还将导致一些安置点存在安全隐患。

陕南28个县（区）全部处于南水北调中线工程水源源头地，流域面积和水库、水量占丹江口水库的70%，肩负着提供南水北调中线工程70%的水量。作为南水北调中线工程的核心区，对陕南地区生态环境标准要求十分严格。目前汉江作为农业、生活废水的受纳水体，保持良好水环境质量形势仍然严峻。例如，农业资源污染依然存在；个别水域局部网箱养殖过密，各种药物、残饵等都对水体产生一定污染；城市生活污染量也日益增长。如果避灾移民搬迁的选址安排不当或对生态环境治理不力，很有可能造成灾害转移、搬家，引发新的环境问题，从而可能影响避灾移民的进程和效果。

2. 产业发展滞后，移民生计脆弱

避灾移民的目的既要“挖险根”也要“拔穷根”。由于生态建设的需要，山高坡陡、人多地少的陕南属于限制开发地区的范畴，移民环境容量明显不足，移民安置难度大。受自然、历史等多重因素的影响，陕南经济发展水平比较落后。例如，为保护南水北调水源地水质，陕南大力实施退耕还林政策，关闭相关污染企业，限制发展某些行业，在一定程度上错失许多经济发展机会。尽管当地重视将避灾移民安置与产业发展布局、劳动就业有效衔接，但因陕南经济基础薄弱，第二产业和第三产业不够发达，安置点周边能带动就业的项目较少，其吸纳就业能力较弱，无法为移民提供充足的就业岗位。

陕南处于秦巴山区集中连片扶贫攻坚地区，28 个县有 24 个为国家扶贫开发工作重点县；避灾移民搬迁对象大部分经济状况欠佳，生计极其脆弱。耕地资源少而贫瘠，陕南农民以外出务工为生，生计资本比较有限。80% 搬迁户每年的人均纯收入低于 2200 元，收入不稳定且居住状况不佳。在陕南地区内部开展大规模避灾移民活动，受耕地资源高度稀缺的影响以及原有承包地难以远距离耕种或实施退耕还林的情况下，搬迁户生产用地难以调剂，无法实施有土安置。这些将导致移民未来的基本生活难以有效保障，增加了生计的不确定性风险[1]。

（三）西部山区避灾移民的历史机遇

1. 对避灾移民的政策支持力度较大

国家的政策支持是当前山区避灾移民的最大机遇。作为西部大开发的重点省份，陕西在推进以“现代农业产业、小城镇建设和避灾扶贫搬迁”三位一体陕南大规模避灾活动中面临较为有利的发展条件。把它作为改善陕南山区农民生产生活条件、加快推进城镇化发展的重要历史机遇并精心组织，中央政府对该工程也给予资金、土地和政策等方面的倾斜支持，如避灾移民安置用地的近期指标有专项安排。国务院 2012 年 5 月批复了《秦巴山片区区域发展与扶贫攻坚规划（2011—2020 年）》。国务院于 2012 年 9 月 30 日印发的《关于丹江口库区及上游地区经济社会发展规划的批复》已原则上同意《丹江口库区及上游地区经济社会发展规划》；2013 年 3 月 5 日，国务院印发《关于丹江口库区及上游地区对口协作工作方案的批复》。陕南作为国家南水北调中线工程水源保护核心区，开展避灾移民搬迁将在资金安排、政策实施、体制创新等方面获得更多支持。此外，国家

[1] 何得桂. 陕南地区大规模避灾移民搬迁的风险及其规避策略［J］. 农业现代化研究，2013（4）：398－402.

对包括秦巴山区在内的集中连片特困地区可持续发展以及移民搬迁的高度重视，也为推进陕南避灾移民活动创造了有利条件。

2. 社会力量积极参与避灾移民活动

旺盛的社会需求与城乡一体化的推进是开展避灾移民的又一个重大契机。随着经济社会的不断发展，必将对改善山区居民生产生活条件提出新的要求。推进西部地区避灾移民具有巨大的社会需求与广阔发展前景。对山区避灾移民进行集中安置，可有效提高当地的城镇化率，加速城乡一体化进程。实施避灾移民政策是一个社会互动的过程。不仅可以生动展现“政府主导、农民主体”的格局，还能充分呈现社会力量（或称市场力量）扮演的角色。陕西积极鼓励和大力引导民间社会资本参与到陕南避灾移民搬迁工程的建设。凡是有条件的地方都可引进社会资金参与。同时努力探索多元化筹资模式，实现多方共赢。例如，为拓展陕南避灾移民工程的融资渠道，由陕西有色集团作为主要出资人，专门成立了以市场化运作方式为主的陕南移民搬迁工程有限公司，积极破解融资难题，目前已筹集60亿元用于解决陕南避灾移民搬迁在项目启动和周转资金方面的困难。社会力量的积极参与促进了大规模避灾移民的顺利开展。

（四）西部地区避灾移民的现实挑战

开展避灾移民活动面临的挑战主要来自两个方面：一方面是制度供给与政策执行的问题；另一方面则是有关的外部支持不足所产生的移民可持续生计问题。

1. 法规政策不健全，制度执行有偏差

大规模避灾移民将改变相当一部分人群的生存状态，如果缺乏相应的立法规范与政策规定，有可能导致偏离制度设计的初衷，影响实施效果。无论是灾害移民理论研究、技术标准，还是相关的政策法规、规划设计，中国都十分薄弱且缺乏可操作性，无法满足国家和社会的需要。陕南避灾移民也缺乏足够的理论支撑和法规政策。由此导致大规模避灾移民活动处于并将可能长期处于“摸着石头过河”的阶段。相关法规制度不健全，避灾移民实践将面临科学化、操作性等一系列问题。比如，山区可能发生地质灾害的风险达到何种程度时实施避灾移民；迁出地应如何科学规划和有效治理；如何避免可能出现的投资浪费和重复投资现象。

根据方案，为期十年的陕南移民活动2011—2015年就计划完成38万户、140万人，分别占总任务的63%和53%。《陕南地区移民搬迁安置总体规划（2011—2020年）》要求各部门、各单位“尽可能提前实现”。这些导致移民实践存在节奏过快、前期部署工作量过大等的问题，不仅容易导致基层部门压力大，也不利于及时总结经验和纠错校偏。追求效率为核心导向而相对忽视社会公正的避灾移民活动存在资本排斥、政策排斥和信息排斥等社会排斥因素，致使一些地方为提高城镇化率而出现不少的“搬富不搬穷”现象[1]。个别地方为完成任务甚至违背待迁户的意愿而进行强制性搬迁，基层社会矛盾有所增加。制度设计不科学和相关制度安排未能得到有效执行的结果是避灾移民政策逐渐偏离了“挖险根”和“拔穷根”的方向，进而影响整体绩效。

2. 资金缺口巨大，“能致富”问题突出

资金问题是避灾移民的核心要素。陕西经济在不断增长，但陕南经济总量在全省所占比重却在逐年减少。2012年陕南GDP总量为1644亿元，仅占全省的11.3%。陕南2010年财政收入占全省的比例为2.38%。缺乏动态预算的1109亿元是计划投资，并非最终投资，倘若考虑通胀因素并按年均5%的通胀率测算，所需资金将近2000亿元。虽然有中省财政的直接投入和转移支付，但市、县财政依然短缺严重，落实配套资金难度大。安

[1] 何得桂，党国英．陕南避灾移民搬迁中的社会排斥机制研究［J］．社会科学战线，2012（12）：163－168.

康2011年搬迁2.2万户，除1087户特困户外，市县仅要配套的建房资金这一项就高达5.2亿元；财力窘迫的安康难以配套到位，移民搬迁任务完成得不理想。移民社区配套公共设施投资缺口更大。在资金配套超出地方承受能力和财政资金使用不集中的情况下，一些地方出现变相卖地筹资现象。政府投入的建设资金短缺的压力最终转移至移民承担。然而，目前需要搬迁的主要是那些困难户，他们建房资金的自付部分缺口巨大，实现搬迁的愿望绝非易事。因农户的经济基础薄弱，单靠农户自筹和信用社有限的信贷扶持无法满足其对资金的需求。

大规模移民工程面临最大的考验是如何破解搬迁后“稳得住、能致富”问题。搬迁对象离开大山的后续生存与发展问题相当棘手。他们绝大部分脱离了土地，增收致富问题日益突出。安置点周边建设的带动就业项目偏少。有些地方安置点附近建有工业园区或农业园区，但主要吸纳的是部分青壮年劳动力就业，相对贫困的老年人迁移后生活问题依然难解。教育培训资源分散、培训内容相对单一，部分移民因没有一技之长而无法外出寻找就业机会。由于难以就业、配套设施滞后、耕种不方便等问题导致一些移民社区的入住率很低；极少数搬迁户甚至将安置房出售，重新返回原居住地从事山货种养营生。如不能很好解决可持续生计问题，将产生次生贫困人群、大量脱离土地的失业农民。

四、SWOT矩阵模型下避灾扶贫移民的发展策略

基于对陕南地区避灾移民搬迁工程内外部环境的系统透析，可通过采用SWOT矩阵对西部山区避灾移民进行四个方面的策略分析（见表1－1）。首先，发挥优势（Strength）与抓住机会（Opportunity）相结合，制订S—O（增长型）发展策略；其次，比较其劣势（Weakness）与机会（Opportunity），尝试建构W—O（弥补型）发展策略；再次，分析自身优势

(Strength)与外部威胁(Threats),拟定S—T(拓展型)发展策略;最后,针对外部威胁和自身劣势,采取W—T(防御型)发展战略。

表1-1　西部山区推进避灾扶贫移民的SWOT矩阵分析

	优势(Strength)	劣势(Weakness)
机会(Opportunity)	S—O(增长型)发展策略 ◆加强多方力量协同运作以持续推动避灾移民 ◆强化相关政策在避灾移民中的积极促进作用	W—O(弥补型)发展策略 ◆完善资金筹措渠道,拓宽避灾移民安置途径 ◆提升产业发展水平,扶持避灾移民后续发展
威胁(Threats)	S—T(拓展型)发展策略 ◆提升避灾移民工程层次,争取更多外部支持 ◆加快避灾移民制度建设,构建长效发展机制	W—T(防御型)发展策略 ◆研究避灾移民的理论与方法,规范移民活动 ◆促进避灾移民活动与生态文明建设良性互动

(一)结合优势和机会,拟定S—O(增长型)发展策略

1. 加强多方力量协同运作以持续推动避灾移民

大规模避灾移民离不开政府行动、社会动员、民众参与等多元力量的协同运作。要进一步发挥政府“高位推动”的积极作用,通过构建预防性治理模式更加科学、主动将受到灾害胁迫的居民从危险地带搬离。政府组织不仅要严格按照主体功能区对于生态保护的要求,还要进一步简政放权,培育和推动社会资本参与避灾移民工程。集中安置后,人口不断聚集,要进一步发挥市场在推动产业发展中的主导力量。尝试构建以民间资本为主导的产业发展模式,解决移民就业问题和资金压力问题。加大对避灾移民政策的宣传力度,尊重群众自主搬迁的意愿,引导移民对象积极参与并确定合理预期。通过利益机制和公共政策诱导搬迁对象及时迁移出高危地区,推动避灾移民政策持续深入展开。

2. 强化相关政策在避灾移民中的积极促进作用

避灾移民搬迁与小城镇建设、现代农业发展相结合,主要采取集中安置的方式等制度安排有助于解决西部地区群众受各类灾害和贫困威胁的问

题。坚持“移民主体、政府主导、社会参与”的政策导向，以提高移民的生活质量为核心；加强对避灾移民的组织协调、规划设计、政策执行和监测评估；坚持避灾移民安置点围绕主要交通沿线、工业园区布局的做法。用足用活各项扶持政策，强化资源整合，确保既有政策支持力度不仅不减弱还要有所增强。加大避灾移民专项转移支付的集中使用力度，加强对迁出地土地治理、现代农业发展等项目的扶持。此外，为缓解避灾移民资金压力，可借鉴陕南避灾移民工程在实施中允许陕南三市分别将其中500亩土地指标，按照相关规定进行融资[1]，破解部分资金难题的探索做法。

（二）对比劣势与机会，制订W—O（弥补型）发展策略

1. 完善资金筹措渠道，拓宽避灾移民安置途径

推进西部地区避灾移民活动，一是要争取中央对西部地区避灾移民搬迁的专项转移支付力度，各级地方政府将其配套资金列入年度预算，确保建设资金不被截留和挪用，发挥移民资金的最佳效益；二是要广开资金渠道，用足用活融资政策，善于撬动民间资本参与避灾移民。可采取中央统筹、项目支持、地方配套、群众自筹、对口支援等多种途径。三是开展避灾移民要不断突破行政区划限制，要在县域内统筹安排，也要在全省、乃至全国范围内规划避灾移民安置点的布局与建设。如果主要采取的是就近集中安置方式，而不是跨地区、跨省开展移民搬迁，不仅难以降低西部地区土地环境资源压力，还可能影响到避灾移民工程的实践效果。四是针对不同的移民群体，可采取有侧重地“有土安置”为主、“有业安置”为主和“有技安置”为主的多样化安置形式。

2. 提升产业发展水平，扶持避灾移民后续发展

推进避灾移民要与大力培育产业发展良性互动。一是要适当加大政府招商引资力度。积极鼓励外来企业瞄准当地的优势资源进行综合开发，引

[1] 乔佳妮．我省力争5年完成避灾群众优先搬迁［N］．陕西日报，2013－05－08（1）．

导乡村旅游餐饮业走集约化发展道路，优势农业走精细化、设施化的发展之路。二是地方政府扶持优势产业。出台更多优惠政策引导和支持移民发展特色农业，利用一些新建安置点发展商贸餐饮业，借助旅游资源延长产业链，以提升综合效益并主动进行产业结构调整。三是可通过在“山上建园区”，促使部分移民群众“就地就业”；根据依法、自愿、有偿的原则，加快迁移区农户的地权、林权流转以及宅基地置换，增加搬迁户经济收入。四是秉持“实用、实际、实效”的原则，大力开展针对移民的技能培训和就业培训，不断提高其人力资本，以解决移民后续生存发展问题；加大对搬迁户，特别是特困户创业指导，力争做到“搬家不搬业”。五是加大对劳务输出的组织和引导，拓宽移民增收渠道。

（三）剖析优势和威胁，构建S—T（拓展型）发展策略

1. 提升避灾移民工程层次，争取更多外部支持

截至2014年年底，避灾移民搬迁工程主要是由省级政府推动，规格上还有待提升。受西部生态环境等条件制约，为使移民活动取得更好成效，建议将类似陕南避灾移民搬迁的区域性重大工程上升为国家层面的工程。国务院加大对西部山区避灾移民的资金支持和有关政策扶持。借助外部资源对避灾移民群体开展有业安置或有技安置。西部地区耕地资源有限、生态脆弱，如果主要通过就近搬迁的方式对移民进行安置难以取得理想效果。可充分利用西咸新区发展的有利条件，吸纳40～50万陕南避灾移民到其安居乐业。要逐步实行跨省、跨地区避灾移民，促使当地环境资源承载力保持在合理水平。建议在西部灾害易发、多发的典型区域设立国家级避险型移民示范区，加大支持力度，发挥示范作用，推动避灾移民不断向前发展。

2. 加快避灾移民制度建设，构建长效发展机制

首先，对避灾移民活动进行顶层制度设计。借鉴外国有关经验，制定

《中华人民共和国灾害移民法》，以立法的形式对包括避灾移民在内的灾害移民政策衔接、管理体制、规划设计、运行机制、移民权益、资金保障、监督评估等方面做出较为统一的规定。西部各省立法机关可根据当地实际情况，制订和颁发更加详细、可行的《××省（区）灾害（避灾）移民管理条例》，推动避灾移民更加高效和科学。其次，理顺管理体制，加强各层级政府避灾移民工作机构的人员配置、职责划分，增强其协调执行能力，为顺利推进避灾移民安置提供有力保障。再次，从单纯的避灾移民向综合解决移民生存发展、现代农业发展和城乡统筹发展的方向转变。整合各类移民管理机构，更加重视避灾移民的社会适应、生计恢复和社区公共服务体系建设。最后，建立健全一套面向外部公开透明的避灾移民管理系统，不断提高信息化水平以及各项政策执行力度，确保移民活动取得预期成效。

（四）面对劣势与威胁，规划W—T（防御型）发展策略

1. 研究避灾扶贫移民的理论与方法，规范移民活动

科学的理论与方法对于西部地区避灾移民减少走弯路、提升绩效有重要指导作用。立足国情和吸收海外经验相结合，加强对我国包括避灾移民在内的灾害移民的理论、方法、规划设计、技术标准、政策法规等方面的探索。宏观层面上，要组织力量尽快研究和建立全国灾害防治综合体系，加快制订并颁布实施避灾减灾的技术标准体系。中观层次上，要建立健全各类灾害的状况调查、风险评估、预测预警以及灾害规避等一系列制度，加大对减灾避灾研究机构建设的支持，增强科学性、预测性和可操作化。建议高等学校开设减灾避灾专业，加强对避灾工程技术、理论和方法的研究。进一步严格控制避灾移民搬迁占用原本就十分稀缺的耕地，尽可能使用未利用地、闲散地等。认真引导移民对象合理确定建房面积，避免造成土地资源浪费。做好迁出村庄的土地流转，执行“建新拆旧”政策，有效

盘活土地资源。

2. 促进避灾扶贫移民活动与生态文明建设良性互动

作为长远发展规划的避灾移民要与城镇化发展相结合，也要与生态文明建设结合起来。避灾移民搬迁与生态文明建设不仅不会冲突，还可相互促进、共同发展。生态文明的核心是人与自然和谐相处。这与避灾移民蕴含的精神高度契合。避灾移民是迈向美丽中国的历史性跨越。推进避灾移民有助于改善人居环境，有利于旱区减轻人口承载压力，促进脆弱生态环境的恢复和保护。避灾移民除了要规划如何把移民对象搬迁出来，还要考虑迁出地的生态保护与可持续利用问题。从长远看，生态条件改善之后，西部多数土地最终还是可以被重新科学利用。充分利用退耕还林政策延续的时机，巩固和扩大避灾移民成果。此外，还可通过设立西部绿色产业发展基金，促进避灾移民与生态建设的有机衔接与良性互动。

总体而言，在政府推动下，西部地区开展以“避灾减贫”为特色的避灾移民活动，要实现推进力量协同化、政策制定科学化、制度执行高效化、保障体系衔接化。[1] 作为一种重要移民模式，未来移民搬迁的发展要从“因灾移民”为主转换到以“因险移民”为主，以西部山区为核心实践基地，以公共行政组织的相关政策为杠杆，通过集中安置的方式来实现避灾移民与城镇化、生态文明、现代农业等相结合的目标，促进我国大规模移民搬迁工程的不断优化与持续展开，进而加快推动“美丽中国”的建设进程。

[1] 何得桂. 山区避灾移民搬迁政策执行研究：陕南的表述［M］. 人民出版社，2016：261－262.

第二章

大规模避灾扶贫移民搬迁：风险及其超越

避灾扶贫移民搬迁中存在生存环境重建、社会文化重构、发展能力重塑三大风险。大规模避灾扶贫移民不仅仅是空间上的迁移，更是一次涉及城乡统筹发展和社会整合的过程。要以可持续发展为导向，促进移民规划与政策实践的进一步协同；以治理提升为取向，促进社会文化认同和社区整合的显著提升；以人本发展为导向，促进移民可持续生计与产业发展布局的逐步优化，从而积极化解并超越避灾扶贫移民的风险。

一、贫困治理要重视移民搬迁风险研究

灾害移民正成为中国非自愿移民领域中一支新的主力军。自然灾害移民活动是西部山区不可回避的重大现实课题。作为一项重要责任，代表公共利益的政府既要对自然灾害已经发生地区开展移民活动，也要对发生高风险地区尽可能进行有计划的人口迁移，避免未来可能的灾害损失。从“因灾移民”到“因险移民”是灾害型移民的发展趋势[1]。陕南地区地处秦巴山区集中连片扶贫开发重点地区，2011 年有人口 839 万人，占全省总人口的 24.1%。陕南地形地貌复杂，山体稳定性脆弱；大部分地区山高坡陡，易引发山洪、滑坡、泥石流等各类次生灾害。为改善生产生活条件和消除自然灾害等因素对山区居民生命和财产安全的威胁，陕西省于 2011 年 5 月 6 日正式启动实施“新中国成立以来最大的移民工程”——陕南避灾移民搬迁工程。计划用十年时间（2011—2020 年）对陕南 63.54 万户、240 万人进行搬迁，占陕南总户数和总人口的 21.98% 和 26.38%，远超三

[1] 周洪建．灾害移民的未来动向：从“因灾移民”到“因险移民”［J］．中国减灾，2011（21）：38—39．

峡工程的移民规模。移民搬迁地域涉及陕南3市（安康、商洛、汉中）28个县（区）。纳入搬迁的村庄和农户主要有：受地质灾害、洪涝灾害或其他自然灾害影响严重的村、户；距离行政村中心较远，服务设施、基础设施落后，发展条件较差，基础设施配套困难，无发展潜力的村、户；经济收入来源少，人口规模过小的村、户；距乡、村公路5 km以上的偏远山区，交通不便的村、户；位于风景名胜区、自然保护区、文物保护区和生态敏感区范围内，影响区内环境的村、户。因涉及洪涝灾害移民、地质灾害移民和生态移民等多种类型，统称为避灾移民搬迁。为推进此项工作，陕西省成立陕南地区移民搬迁工作领导小组，具体指导实施移民搬迁安置工作，领导小组办公室设在省国土资源厅；成立陕南地区移民搬迁工作指挥部，负责具体工作开展；各市、县（区）比照省上做法，成立移民搬迁工作机构，负责本行政区域的移民搬迁安置工作。县级人民政府是移民搬迁的责任主体。安置方式以集中安置为主、分散安置为辅。该工程的基本要求是“搬得出、稳得住、能致富”。整个工程分为两个阶段：2011—2015年重点安排洪涝灾害和地质灾害频发易发区、贫困山区以及生态移民搬迁安置约140万人；2016—2020年对其他100万人进行搬迁安置。陕南移民搬迁工作领导小组依据《目标责任书》对移民工作进行年度检查考核。截至2012年年底，已有20多万群众搬到远离灾害、设施完备、交通便利的新社区，促进陕南城镇化率提高2%，移民活动取得较为显著效益。

作为新中国成立以来涉及人口最多的区域性重大项目，陕南避灾移民搬迁工程已引起政策研究者和学者的关注。有的学者从公共财政视角来研究如何有效整合、利用公共财政以加快陕南移民搬迁进程[1]；有的学者探讨陕南移民搬迁过程中要注意的若干重要问题[2]；有的学者研究避灾移民

[1] 安莉．公共财政加快陕南移民搬迁进程［J］．西部财会．2011（11）：9－10.

[2] 冯明放．陕南移民搬迁当前需要解决好的几个问题［J］．产业与科技论坛，2012（1）：202－203.

过程中的社会排斥问题及其发生机制；也有学者对移民安置点的选择因素进行分析。这些成果从不同维度对陕南避灾移民展开富有建设性的探索，具有重要理论价值和政策意义，但它们大都侧重避灾移民政策执行存在的问题等具体方面，系统性、前瞻性的研究相对较少。诚然，避灾移民无论是对人居环境提升、生态环境保护，还是促进减灾扶贫、推进城镇化等方面均有重要的积极作用，但该工程具有规模宏大、类型复杂和持续时间长的特点，如何实现避灾移民政策所追求的“挖险根”和“拔穷根”的目标，特别是究竟如何化解并超越避灾移民所蕴含的风险，已有研究，但对此关注明显不足，相关研究迫在眉睫。实际上，大规模避灾移民并不仅仅是空间地域上的迁移，更是一次涉及城乡统筹发展和社会整合的过程。从根本上讲，避灾扶贫移民活动面临着规划形态、整合形态与发展形态的三大调整或转变。本书循此框架展开，以实现对避灾扶贫移民风险的超越。

二、生存环境重建风险及其可持续发展导向的规划调整

避灾扶贫移民首先面临的是生存环境变迁与重构的问题。规划初衷是将受灾害威胁的民众就近迁移到安全、便利的地方。但现实情况往往更加复杂，如果政策规划不当，很可能导致灾害转移、搬家，影响人居环境的有效重构。

（一）客观条件制约及其生存环境重建风险的生成

1. 人地关系高度紧张下的移民规划

陕南地区移民的最大问题是山地多、平地少，大规模避灾移民搬迁用地选址问题凸显。受地理条件制约，人地矛盾要比陕北和关中更加突出。可耕地只占陕南土地总面积的1%左右，大约只能养活10人/km^2，而目前生活着800多万人，大大超过土地承载能力。根据《陕南地区移民搬迁安

置总体规划（2011—2020 年）》，整个移民工程占地超过 1 万 m^2，主要采取就近安置方式，而不是类似三峡工程那样跨地区、跨省安置，难以减轻陕南人口承载力。移民搬迁用地的近期指标已有专项安排，但因市县发展产业的积极性较高，许多指标被挪作他用，难以落实安置用地。即使不被挪用，随着避灾移民活动的推进，今后可供移民的土地也将越来越少。中国在灾害移民政策法规、理论研究和规划设计等方面较为薄弱，陕南地质灾害具有高发、易发特点，要寻找足够多的安全地带也是个难题。出于安全因素考虑，移民安置点选择势必占用部分耕地；迁入地距离原村庄较远导致一些较偏远的土地被撂荒；搬迁户住房面积普遍偏大，存在土地浪费现象。这将造成有限的土地资源进一步流失，加剧人地关系紧张。土地供需的尖锐矛盾将对规划实施的有土安置构成挑战，也会影响整个移民工程的开展。此外，规划确定的移民节奏过快，不利于及时总结经验和纠错校偏。

2. 自然生态条件脆弱下的移民活动

陕南地质灾害隐患分布广、密度大且危害严重。据不完全统计，陕西地质灾害易发区占到全部国土面积的 49%，安康市则超过 60%；仅 2001—2010 年，陕南就发生各类地质灾害 2000 多起，致使 590 多人死亡或失踪。在自然生态条件脆弱区内部开展大规模移民活动可能导致或引发一系列的生态、社会问题。目前关于原住地地质灾害威胁程度还缺乏科学评估，不少安置地是否已避开可能发生严重灾害的区域以及安全与否还有疑问。陕南 28 个县均处于水源源头地，提供南水北调中线工程 70% 的水，环境标准要求严格。如果选址安排不当，很可能导致灾害转移、搬家，产生新的环境、生态等问题。调研发现，移民迁出后原有的耕地、山林若不能及时流转，将导致土地撂荒现象和地权纠纷的增多；搬迁户迁入新居住地增加当地人口密度，造成人均资源拥有量减少；被问到“耕地资源不断流失的可能性”时，调查对象回答“较大”“一般”和“较小”所占比重分别为38.0%、19.5%和42.5%[1]。移民过程中自然环境遭破坏的可能性达53.1%。一些农户为获得更好发展机会，社区建设过程中出现自然资源过度开发或不合理利用现象，森林资源遭到破坏。集中居住也会出现生产生活污水及垃圾任意排放现象。移民活动可能阻碍环境可持续发展。

（二）以可持续发展为导向的规划调整

破解上述风险的策略是适当调整移民规划与规范移民活动，促进避灾移民协同发展。

1. 以“三最”思想规划利用土地资源

如果移民规划不当，将造成土地资源流失、破坏生态环境和引发各种矛盾。加强对陕南避灾移民理论研究、规划设计和制度安排，用科学的理论和方法指导移民活动；树立土地资源利用效益最大化、移民利益受损最小化和安置点选择最优化的“三最”思想。严控移民搬迁占用耕地，尽量使用未利用地、闲散地等。加快迁出地山林、耕地等资源的流转，提高利用率。控制好移民搬迁住房面积，确保占地面积不超标。

2. 规范避灾扶贫移民活动，确保“挖险根”

适当放缓移民活动的节奏，不能一蹴而就。建议采取加强地质监测和渐进式迁出的方式开展移民。安置点选择应树立全局观和系统观，集中安置用地选址要有利于生活生产，符合防灾减灾等要求。要从环境效益、社会效益和经济效益等方面对搬迁方案和移民安置点进行科学评估和论证。移民搬迁规划要更具科学性和前瞻性。坚持可持续发展理念制订和执行移民政策，对避灾移民工程开展社会影响评估。

3. 创新移民安置路径，提升移民工程层次

打破行政区划限制，在全省范围内统筹利用土地资源和开展集中安置

---

[1] 这些数据是课题组2012年8月对陕南移民搬迁问卷调查和田野访谈所得，下文如无特别说明均如此。

点的布局。建议充分利用西咸新区发展的有利条件，吸纳陕南移民中的40～50万人到此安居乐业。借助外部资源开展有业安置或有技安置。建议国务院将陕南移民工程上升为国家层面的工程，开展跨省移民活动，使陕南土地承载力保持合理水平；或设立陕南国家级生态——避灾型移民示范区，加大资金支持和政策扶持力度。

三、社会文化重构风险及其治理提升取向的整合趋势

移民活动面临的另一个风险是社会——文化系统重构的风险。迁移到新的安置区可能造成移民原有社会关系网络被削弱、文化认同和社会凝聚力降低以及潜在的相互帮助作用被减弱等一系列问题。

（一）社会文化重构风险的主要体现及其成因

1. 搬迁中的社会排斥与公平问题

避灾移民活动开展时间还不长，但以效率优先为取向的移民搬迁在提高陕南山区城镇化水平的同时也出现了不同程度的“搬富不搬穷”现象[1]。大多数普通农户和最需要帮助的村民因遭受政策排斥、信息排斥和资金排斥的影响而被排除在移民搬迁之外，其结果是村庄中的富人、能人先享受政策，最先撤离危险。避灾移民政策落实不到位、出现不少偏差。大部分村民从移民搬迁中获益有限，基本丧失优先搬迁机会，依然生活在危险和贫困的山村，偏离了移民搬迁“挖险根”和“拔穷根”的规划目标。大多数农户对移民搬迁政策不满意，被调查者认为不满意发生“较大”“一般”和“较小”的可能性分别是34.5%、31.9%和33.6%。移民活动是否兼顾公平与效率原则受到质疑。

2. 移民安置社区的基层治理问题

大规模移民如果安置不当将导致移民群体和迁入地居民群体在自然资

---

[1] 王登记．陕南地区移民搬迁工作报告［N］．陕西日报，2012－10－15．

源、就业机会和公共服务方面出现争夺，产生社会冲突。移民社区大多是由原来几个甚至更多村庄合并而成，容易形成小团体而相互争夺资源，影响社区和谐。搬迁后新社区公共服务的供给还不完善，多数集中安置点只解决了门前硬化、上下水排污等小型配套设施，卫生室、学校、文化活动室等大的配套设施建设跟不上。组织体系不健全，移民参与社区管理的程度不足。认为移民搬迁造成安置区治安状况不如从前的，占被调查对象47.8%；搬迁后农户对新社区缺乏归属感，21.5%的移民对是否愿意返回原居住地或留下来要视情况而定。由于社区管理跟不上，与搬迁前的村庄相比，新社区的人心凝聚力和组织动员能力有所下降。若处理不好这些问题将影响移民社区的社会管理与社会稳定。

3. 避灾移民的社会文化适应问题

文化适应问题在移民过程中不容忽视，如果处理不当将引发文化断裂和社会摩擦。大规模移民活动会对社会——文化环境产生影响，往往导致一些历史文化的消亡，安置区及周边的人文景观因搬迁而遭破坏的可能性增大，有些文化习俗逐渐消亡。一些迁移户难以有效融入更具现代性特征的社区。移民人口面对新的社会环境易出现社会适应问题。31%的被调查者认为自己对新搬迁的居住环境难以适应，心理难以调适，对故土恋恋不舍；78.8%的搬迁户觉得自己对新迁入地的劳动适应性一般，仅有12.4%的人觉得搬迁后的劳动适应较好，仍有8.9%的人口认为对新迁入地的社会环境不适应或很难适应。这些问题将影响移民融入新社区的进程，蕴藏社会适应等潜在风险。

（二）以治理提升为取向的整合趋势

1. 完善移民政策以及提高执行力

对已纳入避灾移民搬迁的村庄，无论空间远近、农民的穷富，都要进行全员化移民搬迁，特别要关注待迁人口中的贫困户、老人等相对弱势群体。严把搬迁“准入关”，严格审定移民对象，确保最需要迁移的对象及时迁移。兼顾社会公平与效率的原则，消除各种社会排斥因素，防止“搬富不搬穷现象”发生。防止和减少执行偏差，提升避灾移民搬迁各项政策的执行力。建议加大公共设施配套力度，加强对土地治理等项目的扶持。大规模移民改变了许多人群的生存状态，建议加快出台《陕南避灾移民搬迁管理条例》，以维护各方合法权益。

2. 增强避灾移民的社会文化认同

避灾移民活动是一项错综复杂的系统工程，也是社会系统重新建构的体现。要以增强移民社会文化认同为核心，促进基层社会管理与善治。居住集中化后，要实现“管理社区化”，加强整合力度，提高参与程度。大力培育移民社区的公共参与精神，培育新型农村社区居民。创新移民基层党组织、自治组织建设，增强社区的组织动员能力和社会管理水平；加强民间组织建设，弥补社区中权力结构的不足，提高治理绩效。可尝试建立一套反映移民贫困情况和生活质量状况的评估体系，评价移民的机会损失和监测移民活动的社会风险状况，为政府及时做出科学决策提供信息，这也是实现移民社会风险过程控制的重要条件❶。

四、发展能力重塑风险及其人本发展导向的发展转变

迁移户摆脱恶劣居住环境后，如何降低生计风险，增强发展能力是一道难题。若不能解决好“能致富”问题，可导致大批脱离土地的移民和次生贫困人群，也会出现“回迁”现象。

---

❶ 曾富生，朱启臻．整村搬迁移民扶贫中存在的问题及对策［J］．西北农林科技大学学报（社会科学版），2006（3）：2－3.

（一）发展能力重塑风险的主要表现

1. 资金短缺下移民搬迁压力

陕南移民工程建设资金缺口巨大。它计划投资 1109.4 亿元，按照“三四三”的补助方案，即“政府对每户补贴 3 万元，特困户补贴 4 万元，同时对基础设施建设等方面每户再投入 3 万元”，地方政府需支付360 亿～420 亿元。陕南 2010 年财政收入只占全省的 2.38%。虽有省财政的直接投入和转移支付，但地方财政资金依然严重短缺。除建房配套资金外，落实移民社区基础设施项目配套难度也很大。原材料和人工费不断上涨也困扰着移民工程。上述投资额缺乏动态预算，假如考虑通胀因素并按年均 5%的通胀率测算，最终所需投资接近 2000 亿元。在公共财政短缺的情势下，真正的大头还要移民承担，搬迁户承受的经济压力明显增大。一些地方建房补贴标准“缩水”较严重。陕西省统计局社情民意调查中心对已搬迁入住的 6 万户移民随机调查发现，33% 的搬迁对象住房总花费 20 万元左右[1]。政府对移民的直接补贴只占搬迁费用的 20% 左右，难以解决实际问题。能搬迁出来的大多是富有的人，而急需搬迁的对象大都自筹资金能力弱，缺乏抵押物和稳定收入。移民建房资金来源渠道：主要向亲戚朋友借钱的占 78.8%，选择向银行贷款的有 65.5%，1.8% 的人甚至借助于高利贷，导致移民的生活面临较大经济压力。

2. 迁移后的移民生计状况

陕南耕地资源少而贫瘠，农民以外出务工为生，但农民与土地之间的关系不仅是农村最主要的经济关系，也是最重要的政治关系。在原承包地难以远距离耕种或退耕还林的情况下，移民户生产用地调剂难，移民生活无法有效保障。搬迁后农民拥有的林地和耕地面积减少趋势较明显，农户

[1] 乔佳妮．九成多受访者满意陕南移民搬迁工作［N］．陕西日报，2013－02－07（1）．

的生计资本有所削弱❶。避灾移民是一项反贫困制度安排，但一些农户因迁移而致贫。搬迁前，村民日常生活开销成本较低，用水、蔬菜瓜果，甚至粮食等大都能自给自足，生计方式较为多样；搬迁后的生活成本不断攀升，生计方式变得相对单一，外出务工成为主要选择。缺乏有效组织的移民难以应对市场化带来的巨大冲击，搬迁户生活状况普遍不佳。11.5%的移民认为目前生活状况“很好”，认为“一般”“有点差”和“很不理想”的分别占53.1%、18.6%和12.4%。认为搬迁后家庭经济收入提高“没有信心”“信心一般”和“比较有信心”所占比重分别是15.0%、48.7%和36.3%。大部分人对迁移后经济收入的改善存有顾虑。在未来改善生活的途径方面，29.2%的被调查者希望政府增加就业机会，36.3%的人希望增加经济收入。可见，迁移加重了农户的心理压力和经济负担，存在一定的生计风险。

（二）以人本发展为导向的发展转变

“搬得出，稳得住，能致富”是任何移民活动都要努力实现的目标。如果不能解决好搬迁户可持续生计问题，势必影响工程的进程和效果。

1. 加大公共财政等各类资金投入

作为政府推动型移民工程离不开公共财政的有力支持。现行陕南移民政策是人均建房补助2500～3800元，每户约1万～1.5万元，特困户加补1万元，地方政府对农户发放3万元贴息贷款，获得帮助共计5万元左右，仅为建房费用的一半❷。多数待迁户是移民搬迁中“最难啃的骨头”，安置他们要进一步提高建房补助标准。避免经济贫困的移民因生计困难而回迁的应对之策有赖于开展社会救助。要在公共财政的扶持下成立各种以摆脱

---

❶ 苏冰涛，李松柏．社会转型期“生态贫民”可持续生计问题和政策措施——以陕西秦巴山区为例［J］．农业现代化研究，2013（1）：15－18.

❷ 王彦青．关于陕南三市移民搬迁的政策建议［J］．陕西发展和改革，2011（3）：23－27.

贫困为目标的经济合作组织，优化生产要素组合，提高市场竞争力。建立健全“收益者合理负担”的生态保护补偿机制和有利于移民生计可持续发展的生态补偿标准。妥善处理移民原来的房产、田地和宅基地等债权债务。整合各类项目资金向陕南移民倾斜，集中捆绑使用。完善和拓展资金筹措机制和渠道，撬动民间资本进入陕南移民搬迁。建议国家设立移民安置区绿色产业发展基金，为陕南发展无污染产业提供更多扶助。

2. 加快产业发展，促进可持续生计

陕南移民搬迁是“农民下山”的过程，也是推进城镇化的重要路径。移民活动要进一步与产业发展、劳动就业相衔接，开展教育和技能培训，提高移民人力资本。出台更多优惠政策，因地制宜促进特色产业发展，拓展移民就业空间。地方政府要加大招商引资力度，鼓励外来企业瞄准当地优势资源进行综合开发；引导移民发展核桃、茶叶、中草药、柑橘等特色农业或建门面房、搞特色养殖和发展农家乐等，借助旅游资源延长产业链。建议集中使用就业培训经费和小额贷款贴息，有计划开展实用技术培训。发展劳动密集型产业，创造更多就业机会，使移民家庭有长期、可持续的生计出路和收入。

五、超越移民搬迁各种风险

陕南地区大规模避灾扶贫移民在某种程度上实现了既定目标，但至少面临上述三大潜在风险。包括避灾移民在内的灾害移民活动要改变原居民赖以生存的自然环境和社会环境，迁移户的生活、生产、资源、就业和社会关系网络都将发生变化，移民搬迁安置绝非易事。陕南山区受自然灾害胁迫由来已久，但在此之前政府对自然灾害隐患更多采取“治理”策略，而不是规避举措，缺乏“预见性治理”的眼光和能力。随着灾难给人类带来巨大影响以及对人与自然关系认识的深化，不仅要对大型工程建设区、贫困地区的民众实行迁移，也要对生态环境恶劣、受地质灾害胁迫的居民及时搬迁。这可有效规避自然灾害，改善人居环境，也可优化人口布局，促进城镇化发展。陕南避灾移民搬迁是在上述大背景下应运而生的。显然，避灾扶贫移民活动正是在政府治理策略与城乡统筹发展等的不断变化中进行的有益探索。

为此，不仅要注重相关制度安排对避灾扶贫移民活动约束与引导的重要作用，更要关注城乡发展断裂、移民社区特点、迁移户生计等变量之间错综复杂的动态关联。事实上，当前避灾移民要面对规划形态、整合形态与发展形态这三大转变，而其中蕴含着不同的风险，超越风险要形成相应策略，而策略选择与实施的核心在于究竟确立怎样的导向。伴随避灾扶贫移民活动的持续推进，政策、环境、资源和人口因素的变化，陕南避灾移民搬迁工程又将面临新的挑战。本书所做的努力正是期待能对我国西部山区避灾扶贫移民活动的发展逻辑、潜在风险和制度创新等进一步的探索有所裨益。最后需要指出的是，探讨陕南避灾移民搬迁的风险并不是要否定它，而是为了更好实现其预期目标，促进区域经济社会的更好发展。

第三章

城镇化背景下移民搬迁过程中的政府作用

在中西部地区城镇化进程中，山区农村避灾移民活动是一项复杂庞大的系统工程，离不开政府作用的有效发挥。宏观层面要进行资金、土地等公共政策的科学规划与安排；微观层面要致力于移民安置区基础设施配置、生态环境优化以及其他问题的有效解决。山区移民搬迁活动很大程度上是行政推动下的“规划性变迁”，政府组织有效作用于宏观和微观等方面的行为是避灾扶贫移民工程得以高质量完成的关键。

一、应运而生的避灾扶贫移民搬迁

在现代化进程中，中西部地区不仅是我国经济欠发达地区，也是饱受干旱、洪涝、滑坡、泥石流等诸多自然灾害威胁的区域，特别是西北地区更为严重。2009 年青海玉树地震造成 2000 多人蒙难。陕西省南部地区 2001 年至 2010 年发生地质灾害 2000 多起，造成 590 多人死亡或失踪，直接经济损失超过 460 亿元。自然灾害风险已成为西部山区人民需要直面解决的一道难题。作为应对自然灾害等风险的重大举措，“避灾移民”应运而生。甘肃、宁夏、陕西、贵州等很多省份已开展避灾移民搬迁工作。避灾移民是主动规避灾害风险的移民活动，是“因灾移民”到“因险移民”的发展趋势。它是解决西部地区自然灾害威胁最直接、最有效的方法。伴随实践发展，政府作为核心的公共组织对于开展避灾移民活动具有哪些重要的引导、服务职责有待厘清。探讨避灾移民过程中政府作用，对于更好构建服务型政府，推进城乡一体化发展，保障民众合法权益以及促进生态文明建设具有重要意义。

二、有待加强的避灾扶贫移民搬迁研究

与生态移民相比，避灾扶贫移民研究尚未引起学界足够的关注，尽管避灾移民政策在我国一些地方已经开始实施。学者郑瑞强、王英将江西九江避灾移民的实施总结为调查规划、政策宣传、规划操作、关注移民安置后续发展扶持四个环节，并运用阿玛蒂亚·森的可行能力理论提出针对移民主体应该做到的五个保障；在安置活动优化方面提出注重管理体制、运转机制、安置模式及服务体系[1]。他们的研究重心是国家宏观的政策，强调的是避灾移民中政策的大方向把握，即如何在宏观层面有效地落实好避灾移民这一政策。

西部地区，特别是西北地区避灾移民工作由于伴随着民族等因素相对于中部地区更复杂，避灾移民的研究也呈现多面化。有学者以陕南地区为例研究避灾移民搬迁的价值与困境、移民可持续性、风险及其规避策略等众多避灾移民的重要课题。[2] 避灾移民的可持续性研究是基于移民的一系列困境，通过利用土地资源、完善移民安置途径，筹措利用资金、提升产业化发展水平、促进移民生计可持续发展来实现移民的可持续进行。[3] 何得桂等人的研究分析立足宏观策略，横向剖析了避灾移民将会出现的问题，并探索出一系列解决困境之道。[4]

既有研究具有重要启发价值，但是学界目前还缺乏对政府作用的系统探讨。避灾扶贫移民是一项庞大的惠民工程、发展工程，在西北地区更是

---

[1] 郑瑞强，王英．基于可行性能力理论的避灾移民安置优化——以江西省九江市避灾移民安置实践为例［J］．理论导刊，2012（7）．

[2] 何得桂，李卓．陕南地区避灾移民搬迁的价值与困境分析［J］．科学·经济·社会，2013（3）．

[3] 何得桂．陕南地区大规模避灾移民搬迁的风险及其规避策略［J］．农业现代化研究，2013（4）．

[4] 何得桂．西部山区避灾扶贫移民型社区管理创新研究——基于安康的实践［J］．国家行政学院学报，2014（3）．

牵涉众多民众的利益，土地、资金以及产业发展及移民社区建设和管理等一系列问题都离不开政府进行规划与管理。专门研究政府在避灾移民过程中的作用可以从纵向剖析避灾移民中出现的问题及其解决之道。

三、山区避灾扶贫移民过程中的政府作用

避灾扶贫移民活动过程中，政府的作用可从宏观、微观两方面考量。宏观层面进行资金、土地和政策上的规划；微观层面进行设施建设和其他问题的解决。前者偏重于公共政策，后者偏重于服务。宏观规划决定微观的行为，微观行为也制约着宏观规划。作为政府，最大效率作用于宏观和微观两方面的行政行为是高质量完成避灾移民工程的关键。

（一）政府的宏观规划

1. 资金的高效使用与吸纳整合

西部山区自然灾害频仍，避灾移民区域广阔，人员数量众多。作为新中国成立以来最大规模的移民工程，计划为期十年的陕南地区避灾移民搬迁工程所需规划资金将超过1109亿元。但是2013年陕西省财政总收入为3003.1亿元，当年的财政支出为3666.2亿元，比上年增长10.9%[1]。考虑陕西的财政能力及其他方面支出，完成上述避灾移民支出很困难。甘肃省对白龙江和西汉水的中下游区域进行的避灾扶贫搬迁，所需资金也明显不足。扩展到整个西部地区，作为欠发达省份如果要完成较大规模的避灾移民项目，财政问题就更加突出。

1）资金的高效使用

避灾移民所需的财政相对不足，在资金的使用效率上要保证避灾移民的资金不遗漏、不浪费一分钱。做好避灾移民资金情况的监督检查需要很

---

[1] 关于陕西省2013年财政预算执行情况和2014年财政预算草案的报告（摘要）[N]. 陕西日报，2014-01-28（6）.

多方面力量的参与，政府内部首先要给予足够重视，设置相关的移民资金监督机构，定期予以检查并进行监督；要适时公开资金的使用及预算情况，接受人民群众和相关媒体的监督。成立专门的资金研究项目组，对所有的花钱项目进行测量评估，包括土地的征用费用，安置点及其基础设施费用，其他服务及突发情况费用等，合理配置资金的使用比例，达到资金的最大使用效率。另外，政府工作应层级清晰、分工明确，做到令行禁止，以求节省开支。

2）资金的吸纳与整合

避灾移民工程仅依靠公共财政支持显然力不从心，需要政府与市场、政府与移民之间进行合作。政府与市场之间的合作是政府筹措资金的最重要手段。安置点建设过程，政府可以考虑与企业一起发展移民区的旅游业，也可放低标准允许部分企业迁入安置点，将楼层一楼设置成门面。政府与移民之间的合作主要体现在类似于“以工代赈”的政策上。在迁入的安置地选好后，政府组织需要搬迁的住户出动劳动力进行安置房建设，在安置房建成后，政府再根据移民出力情况降低其入住标准甚至免费予以入住。

2. 避灾移民的搬迁类型的划分和选择

西北地区地貌多样，自然灾害种类繁多，避灾移民的搬迁行为也会出现不同形态。根据避灾移民搬迁的规模及方式，将其划分为两部分：分散移民和整体移民。分散移民指将分散在受地质灾害等小地区的较小个体搬迁整合到一块安置，如陕南的避灾移民，该移民类型搬迁的距离和规模都相对较小；整体移民则是指一定地域范围内（小到村组，大到乡镇）的所有个体都搬迁到另一个距离较远的地方。移民搬迁类型选择要考虑移民主体的规模及财政能力等多方面因素。从规模上讲，分散移民的对象多是受地质灾害威胁，居住环境封闭狭小，群落内个体相对较少的山区小山村。选择就近安置，将分散在不同山区具有相似地质灾害威胁的住户集中安置是最有效的方法。规模达到一定程度就必须进行整体移民。如甘肃、宁夏等省的移民受气候等灾害风险威胁需要整个乡镇搬迁至另一个地区。除移民主体规模，资金也是移民类型选择的主要影响因素。分散移民对于扶贫的作用不够明显，搬迁主体只是由山区的崎岖地搬到开阔地，山区整体贫困的现状未能得到较好的改善。如果避灾移民资金充足，可将山区所有住户搬迁至山外，彻底摆脱自然灾害风险的威胁，获得发展的外部有利条件。

3. 土地科学征用和安置点严格选择

作为政府，要让移民群体“搬得出、稳得住、能致富”，就要科学规划避灾移民的土地来源及安置点。

1）土地的科学征用

避灾移民的土地来源主要靠政府的征用。一方面，政府要提前估量避灾移民人数，合理计算征地面积，避免滥征以及少征等现象发生。另一方面征用土地所付的补助金应该与当地生活水平相联系，应该考虑被征地者失去土地所带来的潜在损失。征地补助金偏少会损害被征地者利益，增加社会矛盾，不利于移民后期工作。补助过多虽然有益于被征地用户，也会增加征地的顺利程度，但加大了公共财政开支，同样不利于移民工作开展。

2）安置点的严格选择

避灾移民活动中“往哪里搬迁”关乎每一位移民的切身利益，安置点的选择须科学合理。这要根据移民类型分情况予以讨论。分散移民的安置点选择比较简单。由于搬迁距离短，所涉及的事项在小范围都可以解决，安置点只需考虑排除灾害隐患即可。其他诸状况如经济生活、文化习惯等都不会成为问题。经济生活方面，搬迁户移民后原有的林果业或者农业都依然可以继续管理经营。文化习惯上，搬迁户和移民安置点距离近，彼此受相同文化习惯熏陶，搬迁后对生活影响较小。

相比分散移民，整体移民的安置点选择就稍显复杂，移民的空间和时间跨度都很大，后续问题较多，选择更需谨慎。由于是整体移民，安置点选址要有一定的土地面积、经济基础和文化基础。土地面积是整体移民一个很重要的选址指标，对于移民来讲，迁入地的任何资源都与他们的生活和生产息息相关，他们离不开水、电、地、草、路、石、土，等等。而其中尤为重要的是农田和草地。大规模迁移不仅需要安置他们的居所，还要扶持他们的生活。农民突然性无产是一件危险的事，安排土地给整体搬迁的人民生活是一项必不可少的措施，所安排的生活用地要根据他们整体的生活习惯来决定，放牧或是耕种、林果还是养殖，这些都将决定安置点土地面积和土壤地貌的选择。

经济基础应作为选择整体移民安置点的一个重要因素。如果避灾移民只是躲避了自然灾害，而在经济上，特别是生计发展，若没有改善，则避灾移民是失败的。如何在效用上既避灾又致富，安置点经济基础就至关重要。作为整体移民的安置点，地形不能闭塞，交通条件要便利，基础建设要在一般水平以上，环境承载力也应具有一定能力。

文化基础是整体移民安置点的另一个影响因素。移民前必须对迁出地居民的生活及文化习惯进行系统考量分析，得出相应的结论，在此基础上考虑与迁出地生活文化习惯相似的、适合搬迁落户的地区，综合土地面积、经济基础等其他相关因素，确定安置点。

4. 各项优惠政策支持

搬迁户在移民后生活上的各方面可能都会受到影响，面对新的生活环境以及对故土的眷恋，加之后期难以估量的潜在生活威胁，这一系列问题都是搬迁户的严重心理阴影。如何让搬迁户无后顾之忧地安心搬迁入住及生活，是摆在政府面前的一道难题。对于搬迁户环境的适应方面，政府可通过给予搬迁户政策优势来弥补和淡化搬迁户生活习惯上的消极影响。

1）补贴入住政策

受灾害的潜在威胁，避灾移民的搬迁户经济水平都相对较差。在公共财政无法支持搬迁户免费入住新区的情况下，这部分搬迁户须自行支付部分入住资金，这无疑加重了搬迁户负担。解决之道可通过补贴入住来尽量缓解。所谓补贴入住政策，即在搬迁户入住新区后，搬迁户自行出纳部分资金予以入住，而在入住后的3~5年，政府根据财政情况对搬迁户进行适当的补助。这种政策主要基于国家财政能力的不足，另外渐进性的补助比起一次性的补助和优惠更有利于搬迁群众更加自信地生活。

2）扶持教育政策

无论是分散移民还是整体移民，教育水平的差距已成为搬迁户群众最为关注的问题之一。扶持教育政策的目的在于平衡迁入地与迁出地之间各方面原因导致的教育差。政府可从两方面入手，即3~5年内对教育落后的搬迁用户子女进行非金钱性的资助和降低搬迁户子女升学的条件限制。非金钱性的补助在于防止补助的款项被用户及其受教育子女用于其他领域。其补助措施可以为搬迁户子女提供更好的学习资源，补偿其原来所受教育的不足。降低搬迁户子女的升学限制，增强其进入重点中学及普通高中的机会，有助于更好地体现政府的公平公正。

3）产业支持政策

维持安置区移民发展的持续性，需要国家对避灾移民安置点的产业支撑。产业是发展经济的根源，移民安置点是人为组成的经济体。增强移民安置点的经济活力就需要政府进行人为的产业支持。由政府牵头，农户出资政府补贴管理等建立产业园是一项有力的产业支持。产业园区内是安置区群众的财产及经济来源，政府主导的产业也由政府联系出售，安全而可靠。产业园的类型可根据安置点不同的实际条件而多种多样。例如在山区，可以进行茶产业园建设、核桃产业园建设、药材加工产业园等农林产业建设和旅游、文化等非农林产业园建设。在甘肃新疆等地可以进行棉花等农业产业园建设和生态产业园建设。

4）劳动技能培训和科技培训政策

移民搬迁后，受自然环境、社会资源等各方面的限制，搬迁户所拥有的生活用地减少，甚至没有。搬迁户对土地的情感依赖会使他们深深忧虑土地减少所带来的危机。这需要政府将他们从依赖土地的思维中解放出来。搬迁户劳动技能培训和科技培训不仅可解决相应搬迁户的就业、生活问题，还能为其他住户树立榜样，增强外部效应。培训要适应市场需求，结合当地主导产业和搬迁户所擅长的领域，按照“实用、实际、实效”的原则，帮助其拓宽增收渠道。鼓励和帮助移民户从事非农业生产，通过开展贫困地区劳动力转移培训，帮助移民户稳定从事第二、第三产业。无土安置的，使每个有条件的移民家庭，至少有一人以上进城、进园区务工或自主创业，从根本上解决长远生计问题。

（二）政府的微观作为

政府的微观作为最考验政府的行政效力。避灾移民过程中，政府需要微观作为的是避灾移民安置区的设施建设和其他突出问题的解决。这两方面问题都涉及政府与市场的合作。与市场的合作需要政府以一个公正的中立人出现，既不影响市场规律，也不损害移民搬迁户利益。既要发挥市场的决定性作用也要更好地发挥政府的行政作用。

1. 避灾移民基础设施的科学建设

避灾移民小区安置点的基础设施建设直接关系着搬迁户最基本的生产生活。政府推动移民活动时必须对基础设施予以高度关注和重视。

（1）安全饮水工程直接影响移民搬迁户的人身安全。解决避灾移民安全饮用水问题要从源头抓起，根据移民安置点的地质地理情况选择合适的供水方式。处于半湿润山地中的搬迁安置点（如陕南）自然水源比较洁净，可以将天然的泉水等天然水资源或地下水作为安置点饮用水。处于西北干旱半干旱地区荒漠、高原等地的移民搬迁安置点，饮用水必须使用自来水。政府对于自来水厂的建设、运行都要严格检查把关，保证自来水厂提供的饮用水干净无害。同时要定期对安置点的人畜饮用水进行检测和处理。

（2）排水排污是移民搬迁后突显出的一个重要问题。移民后，搬迁群众聚合在一起，群体的密度增大，自身能力已经无法处理乱排的污水，旧有的随意排放现象政府再也不能坐视不理了。政府在安置点建设时就应该提前做好准备，铺设排水管道要与安置住房的数量、排污量相联系并选择合适的排污路径。对污水的处理不能马虎，政府需要自行出资修建污水处理池，坚决杜绝搬迁后人为造成新的环境污染。后续维护应该及时到位，排污设施应当定期检查，确保生活环境的自然舒适。

（3）道路交通建设作为搬迁户致富的重要影响因素不可忽视。避灾移民的最终目的不仅是要避灾，还要实现脱贫致富。避灾移民是一项避灾致富工程，设施的建设都将高于普通农村的标准，道路交通建设应该包含方方面面。公路的修建与铺设不能低于相同状况下的一般水平，安置点内的相关道路不能出现黄泥路。增设公交路线，将安置点与县区其他地方连接起来，增强搬迁户对外交往能力，进一步激发安置区的内在致富潜力。

（4）电力、通信网络、邮政及广播电视等基础设施与生活密切相关。信息获取与传递设备，搬迁户可以更容易与外界取得联系，更好地获取社会信息与资源，以寻求致富手段。政府在进行电力、通信网络、邮政及广播电视等基础设施建设时要科学分析。邮政及广播电视等大型信息传递站点则要在严格的建设及维护方面加强管理，还要在日常的工作中加大监督，避免公民隐私的泄露及不良信息的流传。

2. 避灾移民公共服务设施的全面覆盖

提供良好公共服务是现代政府的职能之一。避灾移民工程的出发点是人民群众的切身利益。政府可以配套的完善公共服务设施，更好的服务搬迁群众，提升政府权威。这些公共服务设施包括：教育设施、医疗卫生设施、文化娱乐健身设施、购物超市和公共活动场所。

（1）移民区教育设施完善问题。在移民安置点，教育涉及搬迁人民后续发展的动力，也影响移民致富的最终目标。无论从宏观还是微观角度看，对移民安置区的教育设施问题政府必须高度重视。教育设施主要的建设目标是学校。它的硬件设施，不仅包括气派的教学楼、宽敞明亮的教室、宽阔的操场还包括高质量的体育器材、实验室及器材、藏书丰富的图书馆、学校食堂等。政府对这些教育设施应该给予强力支持，通过财政拨款和社会筹措去不断地完善。

（2）医疗卫生服务供给问题。避灾移民安置区是一个丰富的社会群落，人民群众人身健康所依赖的医疗卫生所是必不可少的。安置区医疗场所的选址既要考虑安置区群众求医问药的便利，还要方便医疗卫生所对突发重病的患者的转移。医疗器材必须杜绝以次充好。政府对安置区医疗卫生诊所应定期检查，排除不良故障。医疗诊所的内部设置、设施要与医疗的效用相一致，避免过于拥挤，具备较好的通风散热、消毒及行诊条件等。

（3）文化娱乐与健身等需求问题。搬迁安置区对于文化馆、戏台及健身房等的设施建设可以根据财政能力，即地域条件予以选择性的建设，但必须具备相关健身器材。健身器材的落址可考虑与当地学校等融合，节省成本；或是选择安置区相对中心地带，方便所有住户都能适时的健身娱乐。健身的器材也要适时维护，防止随意被破坏。

（4）移民搬迁群众消费问题。搬迁安置点人群密度大，拥有的土地又大幅锐减，对于外界物质需求更显迫切。购物超市是满足搬迁群众生产生活的最重要经济场所。购物超市的建设要考虑搬迁户的个体数量及总的物质需求量，根据实际情况决定超市的面积、规模等。超市的选址要考虑交通的便利。其规划建设可由政府承担，建设完成后再招标给私人或企业。

（5）公共活动场所建设问题。搬迁安置区作为一个密度相当大的社会群落，休憩娱乐、社区活动都需要一个足够空间的公共活动场所。移民安置点的公共活动场所要根据移民群体的人员爱好、群体密度及活动意愿等确定安置区对公共活动的总需求，决定公共活动场所的面积规模。为所有搬迁群众提供一个可以休闲、互相交流、发展身心的摇篮。

3. 移民过程中生态环境问题科学处理

对迁入地来说，承载更多、更大密度的人口对生态具有很大破坏作用。最影响生态的就是安置新区群众的用水问题以及产生新的污染问题。难以估算的是水资源获取过程中对生态的危害。以陕西省山阳县城关镇桃园村避灾移民安置点为例，安置区建成后，供水来源于临近的九岔河上游地表。结果导致中下游地表水位迅速下降，九岔河中下游的冬季断流日期相比原来也大幅提升。在甘肃新疆的诸多移民安置点自来水厂的取水与供应也导致当地水位下降。缓解生态的破坏程度要对移民区用水进行限制。政府可从软性宣传和硬性限制两方面去保护生态。软性宣传是通过节约用水的标语及相关节水活动等提高移民区群众的节水意识。硬性限制要通过政府制定相应水费来节水，对于用水采取层级收费措施，如果用水量能维持在一定的低水平标准上，生态所受的破坏将有所减轻。

4. 移民其他相关问题的有效化解

1）征地矛盾的合理解决

移民活动有较大的土地需求，特别是安置区会产生土地需求大于供给的问题。解决征地矛盾是保证后续工作正常进行的重要一环。征地矛盾的出现主要在于被征地群众认为征地损害了他们的利益，失去土地带来的损失大于政府给予的征用费用。政府要针对被征地者的心理提出相应解决办法。在政府与被征地者之间成立征地纠纷处理机构，重视群众的愿望和需求。政府也可根据搬迁地的交通情况，实行类似“增减挂钩”的政策，主要内容就是由政府出面承诺将被征地者集体免费安排到搬迁安置点小区入住，原有的住房及部分土地则由政府规划，部分给予被征地者相应补助，并对小区建设以外的剩余土地进行招标，获取开发商等的资金再适当部分返还与被征地者。

2）分散移民过程中对入住个体的把关

避灾移民的最终目的就是避灾及脱贫。陕南等地的分散移民因为涉及人员众多，财政全额支付能力不足，政府只能进行部分财政补助，搬迁群众在入住时须自行出纳部分资金。因为搬迁用户的分散性，统筹规划相对不易。这就导致因为入住的部分资金限制让部分计划内搬迁的偏远山区住户不愿搬迁或是无能力搬迁，而一些经济条件较好而计划内不需要搬迁的用户想方设法借机入住，出现“搬富不搬穷”等现象。政府应严格审核移民搬迁对象，确保避灾移民政策落到实处。对于计划内应该搬迁而无能力搬迁的用户，政府可通过低保以及协助借贷的方式让其暂时入住，后续工作中再通过其他优惠政策予以关照。

3）避灾移民社区科学管理

移民区人员密度大，安置的人员可能不是同一个地方迁来，生活习惯也会有很大差异，移民社区管理是一项重要工作。在甘肃、新疆等地，少数民族很多习惯不同于汉族。安置点要通过成立社区管委会，广泛开展道德文明评比活动等精神文明创建，努力形成共同的价值追求，并倡导文明新风，树立道德榜样，增强移民社区道德文化氛围，加强汉族与少数民族之间的关系。对于残疾人及孤寡老人应该予以特殊的关照，设置老年人活动室给予精神关照并给予物质上的直接帮助。移民小区人员往来复杂，治安管理不容忽视，可在相应地方设置保安点，严格排查公共安全隐患，防患于未然。出现治安问题，及时解决，保障安置区人民人身财产安全。最后，健全移民社区管理体制，处理好农村居民自治与行政管理连接问题。

四、移民搬迁要注重政府与市场的合作

在规模宏大的避灾扶贫移民工程中，政府作用主要体现在避灾、扶贫、移民的各个方面和主要环节。通过自身的宏观规划以及微观作为，可

解决资金、土地等较困难的问题。通过与市场的协同合作，保障移民安置区人民群众的各种日常生活健康有序进行。但是政府并不是万能的，与市场的合作要遵循市场规律，同时注重发挥社会力量的作用。城镇化进程中，对于避灾扶贫移民工程而言，最大化、全面化发挥政府作用是最具有实际价值的。

第四章

精准扶贫背景下移民搬迁的价值及限度

政府推动型的大规模移民搬迁工程既有重要的经济社会意义，也有一定的政治社会价值。它有利于改善人居环境，增强现代国家与基层社会的互动；加快脱贫致富步伐，促进城乡一体化发展；推动现代农业发展，促进生态文明建设；加强多方力量互动，构建预防性治理模式。移民搬迁工程同时面临着“挖险根”与土地承载力问题、目标责任制与资金筹措难题、移民过程中的社会公平问题以及移民可持续生计难题。

一、精准扶贫中的“陕南实践”

移民问题是中国现代化进程中的一项重大课题。在各种类型的非自愿移民当中，灾害型移民搬迁需要引起政界和学界的足够重视。有学者指出，灾害移民现在正成为中国非自愿移民领域中一支新的主力军❶。灾害频发的社会现实和巨大的灾害风险都要求以主权和合法性为主要特征的现代国家和政府应对各类自然灾害所产生的“暴力”负责。根据人口迁移出现的不同时间，灾害移民可以划分为避险性灾害移民和受灾型灾害移民❷。但是既有研究对后者关注较多，而对前者的探讨略显不足。作为决策执行者的现代政府必须在力量集结、制度供给、资源整合和政策执行等方面为灾害移民活动的有效和及时开展发挥应有作用。事实上，作为一项重要治理责任，政府不仅要对自然灾害已经发生地区实施移民搬迁活动，还需要对发生高风险地区尽可能开展有计划的人口迁移即避灾型移民活动，以规避未来可能导致的灾害损失。从“因灾移民”到“因险移民”将成为灾害

---

❶ 申欣旺. 灾害移民：不能忽视的立法空白［N］. 中国新闻周刊，2011（19）：31－33.

❷ 陈勇. 对灾害与移民问题的初步探讨［J］. 灾害学，2009（2）：138－143.

移民的未来动向。

被称作新中国成立以来“最大规模移民工程”的陕南地区避灾移民搬迁工程已于2011年5月6日正式启动。陕西省人民政府计划投资1109亿元、用十年时间对生活在陕南地区安康、汉中和商洛3市28个县（区）中的60万户、240万人进行移民搬迁，以从根本上消除自然灾害等因素的威胁并大力改善移民对象的生产生活条件。在移民搬迁的范围和对象上，涉及地质灾害移民、洪涝灾害移民、生态移民等多种类型，迁移的人口数量超过陕南地区总人口的1/4，也大大超过三峡库区的移民规模。为推动此项工作的顺利开展，陕西省成立了陕南地区移民搬迁工作领导小组，颁发了《陕南地区移民搬迁安置总体规划（2011—2020年）》《陕南地区移民搬迁安置工作实施办法（暂行）》《陕西陕南移民搬迁工程有限公司运行机制》和《陕南地区移民搬迁安置建房资金筹措方案》等一系列政策文件，分解移民搬迁任务，制订年度推进计划，签订《陕南移民搬迁目标责任书》以及开展考核评比等各项工作。

陕南地区大规模避灾移民活动作为一项区域性、政府推动型的重大规划和发展工程已逐渐引起政策研究者和学者的关注。既有研究涉及的议题主要包括陕南避灾移民存在的主要问题以及完善移民活动的对策建议。已有成果对于推动陕南避灾移民搬迁研究具有一定促进作用，但是它们大都属于政策性研究，其研究的深度明显不足。与此同时，具有社会学学科背景的一些学者基于实地调查的基础上较为深入地探讨了陕南避灾移民过程中的社会排斥问题及其产生机制。大规模的避灾扶贫移民工程提供了理解和研究社会运行难得的“试验场”。研究陕南避灾移民活动对于促进中国灾害移民研究有重大的理论价值；作为国内同类地区避灾移民的示范，陕南移民具有重要的现实意义。但是学术界对它的关注依然比较有限。当前学界急需运用多学科的思维和视角对避灾移民进行深入、系统的考察和探讨。本章将对此进行尝试探索，力图进一步揭示陕南避灾移民活动的重要价值和发展限度。

二、避灾扶贫移民搬迁的价值

关于陕南地区大规模避灾移民活动的价值，政策研究者大都“仁者见仁、智者见智”，难以取得统一认识。如果从国家与社会互动关系的角度来看，避灾移民不仅具有重要的社会经济意义，还具有一定的政治社会价值。具体来讲，推进陕南避灾活动的价值主要体现在以下四个方面。

（一）有利于改善人居环境，增强现代国家与基层社会的互动

陕南地区地质条件普遍较差，山体稳定性脆弱，容易引发滑坡、泥石流、山洪等次生灾害。通过将受到自然灾害影响严重、基础设施配套困难以及无发展潜力、交通不便的偏远村庄的居民搬迁至地势平坦、居住安全和交通较为便利的移民安置社区，这种“离土不离乡”的移民安置形式能够有效减少地质灾害发生时可能造成的人员伤亡和社会经济损失，极大改善搬迁对象的人居环境。2012 年陕南因洪涝灾害和地质灾害造成的人员伤亡比上一年同期分别减少 80% 和 70%。有计划地将居住在危险地带和交通不便的地方的民众迁移出来，使他们较为彻底地摆脱危险，是政府履行公共管理职能的重要体现。它可以增强山区群众的安全感以及对国家的认同感，从而持续促进现代国家与基层社会之间的互动性。此外，陕南地区大规模避灾移民活动的开展，是中央政府与地方政府协同推进的结果，很大程度上体现了中国的制度优势，也是改善民生的重要举措，将成为西部地区避灾移民扶贫的新探索。

（二）有助于加快脱贫致富步伐，促进城乡经济社会一体化发展

陕南地区的面积、人口分别占陕西省的 34% 和 24%，但地区生产总值、财政收入仅占全省的 11% 和 2. 38% 左右。灾害频发的现实使陕南地区的扶贫工作陷入“辛苦三年脱贫、一场灾害返贫”的困境。实施大规模避灾移民搬迁，不仅是提升陕南城镇化发展水平，也是加快山区脱贫致富步

伐和推动区域协调发展的重要路径。将人口从不适宜人类居住的地方及时地搬迁出来，既是一种彻底消除危险的举措，也是促进贫困人口脱贫致富的有效路径。陕南移民搬迁活动可以改善移民家庭和农村社区的生产、生活条件，提高他们的生活质量和水平。这种与以往不同的，不是“复制农村”的扶贫开发形式具有投入较少、成效较明显的特点。它在一定程度上可以重新调整陕西的人口功能区，有助于区域社会、人口、经济、生态、资源、环境之间的彼此协同发展，进一步促进农村劳动力向城市转移。通过推进移民搬迁可以有利于加快地区城市化、工业化、现代化进程；通过移民活动，陕南城镇化率每年可提高2~3个百分点。不断增强陕南移民对象的自我发展能力，对于提升陕南经济在全省的比重和位次，将会起到重要促进作用，从而加快城乡经济社会一体化的发展进程。

（三）有利于推动现代农业发展，促进生态文明建设

采取以农民为主体、政府推动的方式实施陕南移民工程，既是敬畏大自然和尊重自然规律的体现，也是推动陕南生态文明建设的一项重要选择。不仅可以保障当地居民人身财产安全，也有利于陕南自然生态环境的恢复和保护。陕南28个县（区）都是国家南水北调中线工程的主要水源保护地，借助政府的力量帮助居住在偏远高寒山区和地质灾害重点防治区的民众逐步迁移出来，对于保护好国家南水北调水源安全和促进生态文明建设无疑具有至关重要的战略意义。与此同时，通过迁移活动，可以促使迁出地的耕地、山林加快流转步伐，为现代农业园区建设创造便利条件，进而推动陕南绿色农业、现代农业的进一步发展。调研发现，白河县、略阳县等地推进移民搬迁工作中采取山上建园区、山下建社区的做法，不仅提高了城镇化率，也促进农业产业化发展。

（四）有助于加强多方力量互动，构建预防性治理模式

避灾移民政策的实施是一个社会互动的过程，政府力量、市场力量以

及民众的力量都可以在这个过程中得到呈现。例如，为拓展陕南避灾移民工程的融资渠道，经省政府批准由陕西有色集团和省财政厅分别出资20亿元和10亿元，共同组建陕西陕南移民搬迁工程有限公司这一大型国有企业。搬迁公司在省移民搬迁安置领导小组的指导协调下，按照公司化运作，积极筹措资金，确保搬迁安置群众的住房和相关基础设施工作的全面实施。这种做法在国内属于一项创新模式。积极鼓励和引导民间社会资本参与陕南移民搬迁工程，探索多方筹资模式。它使陕南移民工程成为一项民众、国企、市场、政府四方多赢的标杆性民生工程。具有前瞻性以及主动地将不宜居住的群众搬迁出来以达到“挖险根”和“拔穷根”的目标，相对于以往自然灾害发生后而开展移民活动，是政府管理社会、履行职能的模式创新。与“应急治理”或“滞后治理”相比较，这种模式更加重视的是问题的“预防”而不只是问题的“治疗”，从“滞后性”走向“预见性”，前瞻性预见到问题可能会发生并采取积极有效的预防措施，可以称之为“预防性治理”。它对于促进基层社会和谐具有显著的推动作用，也是未来同类地区开展灾害移民活动的重要选择。

三、避灾扶贫移民搬迁的限度

陕南避灾移民政策导向和突破效应远大于其形式性。避灾移民活动的限度也是显而易见的，主要是避灾移民实践与发展的难题，既包括移民政策本身及其执行的缺陷，也包括其他外在条件的限制因素，主要体现在以下四个方面：

（一）“挖险根”与土地承载力问题

消除自然灾害的胁迫是开展陕南大规模避灾移民活动的初衷，也是其所追求的一项核心目标。所谓“挖险根”，指的是通过主动规避风险的举措，努力解决长期饱受地质灾害、洪水灾害等各类灾害威胁的山区群众的生命财产安全和人居环境改善问题。如果能够实现上述目标，很大程度上也意味着陕南避灾移民工程的成功。然而，受到生态环境极其脆弱和人口承载力有限的客观因素制约，避灾移民活动面临着较大挑战。陕南地区山大沟深，平地稀缺，要寻找足够多的平地用于移民安置社区建设难度很大，还要兼顾安全、便利的原则，更是困难重重。例如，安康市比较开阔的平地只有安康城区、汉阴县城和平利县城，其他县城则建在坡上或者山沟里，存在不少安全隐患；县城所在地尚且如此，其他地方的状况更是不容乐观。陕南避灾移民工程要占地 1 万多公顷。在耕地红线不动摇、项目用地逐年增、产业用地需求多等多重压力下，不少地方仅完成建房用地已经不堪重负，再加上集中安置点公共设施配套用地和部分搬迁户要开展有土安置的巨大压力，导致陕南移民工程的土地瓶颈制约更加凸显。部分山区群众尽管已经住进移民新区，但一些地方的移民安置点因规划土地有限，难以开发致富产业。此外，如果陕南移民工程规划不到位、实施不当，可能造成灾害转移或搬家，产生新的生态、环境、灾害问题。可以预见，如果继续采取目前的就近集中安置方式，而不是跨地区、跨省开展移民搬迁，安置难度将持续加大，也难以有效缓解陕南地区土地资源压力，进而可能影响到陕南移民工程的实施成效。

（二）目标责任制与资金筹措难题

在实施机制方面，为确保陕南十年移民规划目标的顺利实现，各级政府组织制定了年度任务表，层层分解并签订目标任务书，能否完成陕南避灾移民搬迁工作任务已成为很多地方“一票否决”的考核内容。以目标责任制的方式全力开展移民活动，无疑具有强大的推动力。但这种“赶超式”的运作方式通常要面临政策执行的经济社会基础的考验。资金问题是陕南避灾移民搬迁的核心问题。如果移民活动所需资金筹措不畅和超出地方承受能力，将导致部分地方出现变相卖地筹资的无奈之举。调查发现，市、县两级政府的配套资金落实难度大。例如，安康市 2011 年搬迁 2.2 万户，除 1087 户特困户之外，16770 户需集中安置，市县需配套建房资金 4.69 亿元；分散安置 3236 户，市县需配套建房资金 4854 万元；财力十分有限的安康地区难以配套到位，导致部分安置点基础设施建设滞后。与此同时，部分搬迁对象自筹资金能力很弱。事实上，陕南山区目前还有约占总人口 10% ~15% 的绝对贫困人口。目前急需搬迁的对象上主要是一些经济能力较弱的困难户；他们由于缺乏抵押物和能够提供稳定收入的职业，难以筹集到除政府补助之外的建房资金。对于靠山吃山的贫困家庭而言，要负担新建房的费用并非易事。距离“搬得出”的要求还存在一定距离，需要引起足够重视。

（三）移民搬迁过程中的社会公平问题

作为一项重要制度安排，陕南地区大规模避灾移民活动不仅要追求实现“挖险根”和“拔穷根”的目标，还要兼顾好公平与效率问题。由于陕南各地自然条件有所不同，财力基础也有所差别，导致移民工作进展并不平衡。一些地方移民搬迁安置不合理，致使移民对象和迁入地居民群体在公共服务机会、自然资源、就业机会等方面产生争夺，出现一定的社会消耗。陕南避灾移民规模史无前例、持续时间长、类型多种多样，移民活动过程中的市场、政府和移民都期待实现多赢的局面，而多赢局面的取得最终有赖于执行者有力地执行[1]。但是因移民搬迁过程中存在资本排斥、信息排斥和政策排斥等多重社会排斥因素，导致移民实践中存在与制度安排有较大偏差的“搬富不搬贫”现象。由于过于注重“效率”，而相对忽视“公正”，制度执行出现了一些不应有的扭曲，避灾移民政策“挖险根”和“拔穷根”的宗旨未能有效落实。比如，部分地方为加快移民搬迁进度，

---

[1] 何得桂. 陕南地区大规模避灾移民搬迁的风险及其超越［J］. 农业现代化研究，2013（4）：57 -60.

提高当地城镇化率，大都选择走“先建房、谁有条件谁先入住”的路径，容易引发一些群众的不满；少数地方甚至存在违背待迁移户的意愿而进行强制搬迁，导致当地的社会矛盾较为突出、不稳定现象有所加重。

（四）产业发展与移民可持续生计难题

陕南移民搬迁工程是一项复杂的课题，总体规划还缺乏应有的“统筹细化”。目前陕南避灾移民集中安置处于“重安置轻保障”的阶段。不少地方较为重视“搬得出”，但是对于如何“稳得住”和“能致富”问题缺少足够的关注和应有的举措。肩负着南水北调中线工程水源地保护重任的陕南三市，后续产业发展薄弱，安置点周边带动就业的项目较少，难以为移民提供充足的就业岗位，实现移民可持续生计的要求还有相当距离。如果不能很好地解决移民家庭长期的、可持续的生计出路和收入，将导致次生贫困人群、大批脱离土地的失业人员。迁移后，绝大部分搬迁对象脱离了土地，增收致富问题日趋凸显。大多数移民被迫选择外出就业，但他们缺少必要技能难以承担起养家糊口的重任。尽管一些地方在安置社区周边建立现代农业园区吸纳部分移民就业，但主要吸收的是青壮年就业，相对贫困的老年人搬迁后的生活问题依然是一道难题。一些搬迁户到新社区居住后，原来山上赖以生存的田地还在，由于距离安置点较远，造成移民耕种不便或撂荒。如果不能解决好避灾移民可持续生计问题将出现“返迁”现象，直接影响到移民工程的成败。

第五章

灾害风险视域下避灾移民迁移机理及应对

灾害胁迫下的人类生产生活面临日益严峻的挑战，自然灾害风险已成为制约可持续发展的重要因素。本章将通过对灾害风险的基本内涵、形成机制、主导因素的分析，结合近年来地质灾害、气候变化对避灾扶贫移民工程的决策、实施的影响情况，探讨灾害风险下的避灾扶贫移民搬迁机理、现状与对策，总结现阶段包括避灾移民在内的灾害型移民的总体特征，并发现其已有和潜在的问题，最后从系统性调控的角度探索灾害风险视野下避灾扶贫移民的理念、方法和路径。

一、要从灾害风险角度研究避灾扶贫移民

频率高、强度大、危害程度严重的自然灾害以其突发性、预测难度大的特点逐渐成为一种威胁人类生存与发展的主要因素。它所引发的大规模灾害型移民[1]越来越成为风险社会需要直面的一道发展难题。在灾害仍无法有效避免的情况下，避灾搬迁选址规划、受灾群众安抚、区域冲突、社会融入等一系列避灾移民安置和后续发展问题考验着现代公共部门的管理智慧。如何有效应对和化解灾害风险、促进移民工程可持续发展已成为当今社会的重要议题。随着中国各类移民工程的持续开展，新情况、新问题不断涌现，分析现有避灾移民工程实施情况，探寻避灾移民迁移的内在机理，为我国移民搬迁工程提供理论援助和对策支持，既为科学应对灾害风险提供有效根据，更有助于避灾移民工程的可持续发展。

纵观学界，20 世纪 90 年代初在气候变化对人类生活的影响日益明显

[1] 从时间节点上看，灾害发生后开展的移民活动通常称为“灾害移民”，而在灾害尚未发生之前主动规避灾害风险的移民活动属于“避灾移民”的范畴。这二者本质上是一致的，本章将它们统称为灾害型移民。

的情势下，Myers 等人的气候移民规模预测逐渐受到人们的关注与认可[1]；施国庆等学者的适应气候、减缓气候变化的观点[2]也充分表达了积极探索气候移民的政策、途径以及进行有组织移民的必要性。随着社会制度变迁和气候变化带来的次生灾害，王晓毅等人发现草原正面临着严重退化，随着牧民定居、草原分割和市场化，草原社区面对干旱呈现出严重的脆弱性，而这又加重了干旱的影响[3]。由于近年来地质灾害增多，与气候变化综合形成的泥石流、滑坡、洪涝等灾害成为当前和今后一个时期移民的主要动因。有学者发现陕南地区避灾移民搬迁活动中的社会排斥机制[4]，认为移民的社会融入和后续生计问题是避灾移民工程能否取得成功的关键因素。随着灾害风险的不确定性和不稳定性逐渐增加，有学者基于风险视角的研究发现气候移民的迁移机理，总结现有问题并提出对策建议[5]。这些已有研究均从科学客观的视野，根据特定的灾害风险对开展移民工程的必要性、可行性和操作性等方面进行了较为充分的论证，对于本项研究具有重要借鉴作用和启示意义，但是在以下几个方面还需要加强。从研究对象上看，已有研究对气候移民、生态移民、工程移民等探讨较为充分，而对于灾害移民，特别是避灾移民的研究略显不足；从研究内容上，已有研究尽管考察了灾害型移民与政策执行、移民可持续生计以及基本现状与深化路径等，但尚未有效揭示灾害型移民的内在机理与发展态势，研究内容有待丰富；从研究视野上，已有研究虽然探讨各类移民工程所产生的影响，

---

❶ Myers N. Environmental Refugees: An Emergent Security Issue ［C］. 13th ed Economic Forum, Prague, 2005 (5): 73 – 79.

❷ Shi Guoqing, et al. Ready for Climate Change Related to Immigration ［J］. Science, 2011 (10): 89 – 94.

❸ 王晓毅. 制度变迁背景下的草原干旱——牧民定居、草原碎片和牧区市场化的影响［J］. 中国农业大学学报（社会科学版），2013（1）：1 – 14.

❹ 何得桂，党国英. 陕南避灾移民搬迁中的社会排斥机制研究［J］. 社会科学战线，2012，35（12）：163 – 168.

❺ 曹志杰，陈绍军. 气候风险视域下气候移民的迁移机理、现状与对策［J］. 中国人口. 资源与环境，2012（11）：45 – 50.

但是还缺乏从灾害风险的视角进行系统论述，研究视野需要进一步拓展。有鉴于此，本章将基于灾害风险的视野对避灾移民迁移机理、现状与对策进行较为系统的探讨，以深化灾害型移民研究，促进有关公共政策发展。

二、灾害风险的形成及对避灾移民搬迁的影响

（一）灾害风险的基本内涵

不同学科对于由自然变化的不可抗力带来的灾害风险的内涵界定并不一致。有学者认为自然灾害风险是未来若干年内可能达到的灾害程度及其发生的可能性，自然灾害的危险性、暴露、承灾体的脆弱性或易碎性以及防灾减灾等多个因素相互综合作用形成区域灾害风险[1]；通过对国际风险研究，有学者从灾害系统理论分析了概率条件、致灾因子两者是综合影响灾害风险的重要因素[2]。从 20 世纪 90 年代以来，国内外学者对风险研究不断深入，风险的概念一直被认为与概率和影响强度有密切关联，而纵观灾害学体系，随着灾害风险是“灾害活动及其对人类生命财产破坏的可能性”这一基本认识被普遍接受，科学定量分析不断发展和完善，灾害风险逐渐被认可为有害事件发生概率与发生后果的乘积：R（风险） = P(概率) × C（可能灾情）

灾害作为不确定事件以其可能发生的概率以及在这种不确定性下带来的无法预知后果的严重程度综合成为风险不可预知性的表现和反映。但结合客观实际情况，现实中存在着扩大灾害本身危害的潜在干扰因素，承灾体的脆弱性、暴露情况、管理工作等都时时刻刻影响着可能发生灾情的严重程度，影响因素多、潜在风险大使得我们对灾害风险的认识和定义在提

---

[1] 张继权，冈田宪夫，多多纳裕一．综合自然灾害风险管理——全面整合的模式与中国的战略选择［J］．自然灾害学报，2006（1）：29 – 37.

[2] 施国庆，郑瑞强，周建．灾害移民的特征、分类及若干问题［J］．河海大学学报（哲学社会科学版），2009（1）：20 – 24.

炼、归结的基础上，要考虑更多的干扰因素。本章综合分析影响灾害风险的各种因素，认为灾害风险的认识应介入防灾减灾能力，用受灾体脆弱性的大小这一定量指标来表示不同程度的应对能力，将灾害风险表示为：风险(R) = 概率（P）× 脆弱性（V）

（二）灾害风险与避灾移民

自然环境变化和气候的更替使人类面临诸多考验和威胁，史培军、邵利铎等学者发现，全球变暖等环境变化引致的诸如干旱、暴雨等异常天气的发生频率在增加，全球化过程引致各种灾害风险在全世界的扩散在增强，防范与科学应对已迫在眉睫。地质灾害与异常天气成为中国近几年威胁人类正常生活和经济增长的主要问题。据统计2012年自然灾害受灾人口29421.7万人次，农作物受灾面积24962千公顷；2011年全年因洪涝、滑坡和泥石流灾害造成直接经济损失1260亿元，因旱灾造成直接经济损失928亿元，同比增长22.6%；一方面自然灾害带来的负面影响威胁着现有生存境况，另一方面现实社会中存在大量易受破坏、环境恶劣、居住条件差的不适宜居住区也在加大灾害风险的可能性。未来自然环境状况和人类生活境况的不确定性表明化解不确定性，变被动为主动才是势在必行的科学之道。

在频发地质灾害和气候异常的共同作用下，近几年我国重度干旱、毁灭性山洪、泥石流等自然灾害发生呈迅速上升趋势。既危害人类正常的生产生活，也正在逐渐摧毁赖以生存的家园。新疆、宁夏、甘肃等地受气候变化的显著影响，不适宜居住区和环境恶劣地段在逐年扩大，政府不得不通过生态移民逐渐寻找新的居住地；在受山洪、泥石流影响严重的陕南秦巴地区，因地形崎岖、灾害频发，政府从2011年开始展开大规模避灾移民搬迁工程，以进一步“挖险根”和“拔穷根”。随着搬迁实践的不断深入，被动承受大自然灾害风险的传统做法逐渐失去其科学性和可持续性，而灾害风险的本身内涵也不可避免地显示出受灾主体的脆弱性对灾害风险的大小起着决定性作用。增强潜在受灾主体的承受能力，科学应对和规避灾害风险越来越显示出其必要性和重要性，开发利用适宜人类居住的地区、保护养育原有家园已日益成为规避风险的有效方式。当然，灾害多发性和难预测性还可带来资源减少等隐患，可适宜居住区的科学利用也将面临挑战。

三、避灾扶贫移民的迁移机理分析

灾害是由自然因素、人为因素或二者综合而引致的能够对人类赖以生存的环境造成破坏性影响的事物的总称，而为避免或应对这种影响，灾害移民由此产生。有学者等认为灾害移民是因自然灾害因素、社会灾害因素等胁迫导致的人口迁移与社会经济重建活动[1]。自然灾害是人地耦合系统失衡的表现，灾害移民是受诸多因素影响，在灾害诱导下产生的一种人口被迫迁移。根据自然环境的变化，人类在逐渐适应自然发展规律，不断寻求和谐共处的生存之道，主要表现为受灾害风险胁迫下的科学防范与规避。

（一）自然灾害与原始型人口迁移

环境的变化在促使增强自身适应能力的同时，人类也不断地进行移动或辗转迁徙，即所谓由生态推动的原始型迁移（Primitive migration）[2]。作为原始型迁移的灾害移民是人类面临自然灾害而进行的一种适应性反应和重要的生存策略之一。受地区承载能力和抗灾水平的影响，人们逐渐通过对居住区生态条件的科学分析，将搬离不适宜区、开拓新家园作为新的应

---

[1] 史培军，邵利铎，赵智国，黄庆旭．论综合灾害风险防范模式——寻求全球变化影响的适应性对策［J］．地学前缘，2007（6）：43－53.

[2] Petersen，W. A general typology of migration［J］．American Sociological Review，1958，（23）：256－265.

对大自然灾害风险的新方法，彻底摆脱任由自然主宰的命运，这种原始意义上的人口迁移更显示出在大自然的威胁下人类生存的智慧。

自然灾害的增加使初始的居住地在本身脆弱性较强的基础上显得更加不堪一击。据统计资料显示，我国2011—2012年因各种自然灾害导致的受灾人口达7万人次，严重威胁人民群众生命财产安全，也破坏了居住区的可持续性。以陕西南部为例，因受秦巴山区地质复杂、山区岩体较松的影响，加之典型的季风性气候，夏季强降水易发生山洪、泥石流等灾害，每年因河道堵塞、排水不畅、居住区危险系数大等原因导致的死亡事件逐年上升，政府为彻底解决居民的安全隐患，2011年启动了政府主导的避灾搬迁工程。2001年年底，宁夏回族自治区共计搬迁安置4.42万人，新疆维吾尔族自治区先后共计有15.7万人进行了异地搬迁❶。这些受自然灾害影响的能动性搬迁不仅在短时间内解决了温饱问题，而且生活水平较搬迁前也得到普遍改善。寻找新的适宜居住区，保护危险性地区的生态环境，恢复土地原始承载能力，为新生活持续发展扫除了后顾之忧。在意识到自身承灾能力差，不能循环往复进行“受灾－救灾－受灾”模式后，主动测量当地承载能力、生态情况进行灾害预测，寻找可持续的生存之道为人类更好适应大自然的环境变化提供了经验和教训。

（二）社会灾害与驱动型人口迁移

由政治、经济、文化的变动带来的灾害统称为社会灾害。导致我国社会灾害脆弱性的因素主要有社会人口、社会结构和社会文化三个范畴，社会保障、医疗水平、社会文明程度等也是决定社会灾害脆弱性的主要因素❷。鉴于社会灾害更倾向于是制度政策设计规划的不合理、指导思想的错误而带来的重大的人为灾害，社会灾害具有自觉的能动性、最初时感觉

❶ 刘颖．避灾移民社会风险评价研究［D］．西北大学硕士学位论文．2012.

❷ 葛灵灵，易立新．中国社会灾害脆弱性评价指标设计［J］．安全，2011（5）：1－4.

上的合理性以及形式上的合法性三个重要特征[1]。我国历史上因社会、政治等问题导致的为避免引发社会灾害而进行的移民也不乏其例。

20世纪初，受自然灾害多发、经济困顿、生活窘迫的现实情况逼迫，“重商贱农”的一大批山东人开启中国历史上有名的“闯关东”移民活动，这种“经济型”移民之后带动诸如“走西口”等大规模人口流动，逐渐成为20世纪初躲避社会灾害、寻求新生活的主要方式。“九一八”事变之后，由关内迁入的移民大幅度减少，但“七七”事变后山东沦为战场，难民又大部分涌向东北。这种政治型移民在战乱期间数量激增。“文化大革命”的爆发使得一部分人受歧视迫害，为躲避政治变动，20世纪70年代后期，中国内地向香港的合法移民超过七万人。20世纪中期以后，随着国家政治制度的成熟、经济不断发展，人们在区域与区域之间的交流和互动成为主要方式，社会灾害移民日渐减少。社会灾害带来的后果往往不易察觉和测量，但在此后相当长时间内会对社会带来重大的影响。无论是政治型移民还是经济型移民，都是在受到一定外界干扰因素的影响下而被驱动的移民活动，在面临社会灾害有可能带来的风险面前仍是有效防范和规避的重要手段。

四、避灾移民搬迁现状与发展趋势

从20世纪后半期开始，我国自然灾害呈多发、破坏性增大的总体特征。它的科学预测与防范越来越受到关注，但我国政府在实地应对突发自然灾害和重大社会变动的能力还有待提高。通常情势下，“受灾—重建—再受灾—再重建”的循环模式成为解决问题的唯一手段。随着社会发展，推进避灾扶贫移民搬迁工程作为可持续避灾方式逐渐被政府和社会所认可。

---

[1] 姜超，赵华朋．社会工程视野下“社会灾害”的研究［J］．武汉电力职业技术学院学报，2007（4）：34－36

（一）整体规划，集体搬迁

移民搬迁工程的主体往往是某一个地区所有因受灾害胁迫而无法继续生活的群体居民。当受灾地区生态破碎，无法再适宜人类居住时，就要寻找规划新的居住区以供人类长期繁衍。例如，为避免自然灾害的影响，截至1999年年底，甘肃全省共计搬迁安置56.92万人；江西省近年来大力推进避灾移民搬迁活动；陕西省计划在2011—2020年对陕南地区3市28个县（区）中的60万户、240万人进行搬迁，以从根本上消除重大自然灾害等因素对当地民众生命财产安全的威胁。这些移民工程均以特定受灾或存在潜在灾害风险的地区为搬迁对象，政府统一规划搬迁方案，集中安置与分散安置相结合，在有效解决潜在问题、稳定社会秩序、保持原有社会结构方面起到积极的作用。

（二）就近选址与异地搬迁相结合

移民工程搬迁地的选址规划在分析各种地理位置、生态状况等因素的同时，搬迁人数规模、资金的支配、社会融入情况等因素也不可忽略。现有移民搬迁工程，安置点选择主要有就近选址安置和异地搬迁两类，而这两种不同的避灾方式均是在仔细考虑搬迁工程的普遍性和特殊性之后决定的。不同地区根据受灾的程度、地质地貌的完整程度、生态的可恢复性以及民众的搬迁意愿、社会结构等因素综合考虑来决定避灾的主要方式，有效避免移民搬迁后有可能产生的社会问题。例如，贵州省长顺县的南部由于地处麻山地区，环境恶劣已不适宜人居住，政府采取措施将该县南部群众搬迁到了生活条件较为优越的北部地区。而在陕南地质灾害多发地段，政府则将长期居住于山沟、山坡上易受滑坡、泥石流灾害威胁的居民就近安置，在地势平坦、远离危险区的地带建立移民搬迁安置区，保持了居民原有的社会关系网。

（三）长期性与系统性相统一

避灾移民从开始的选址规划到最后的融入新环境，整体呈现出长期性和系统性的特点。为科学规划移民工程和制定公共政策，初期评估迁入地的生态情况以及未来的社会发展情况需要大量的精力和时间，项目开发、人员配置、移民统计、搬迁工作安排无一不是这个庞大系统中的重要环节。例如，甘肃、宁夏等地经过多年努力基本完成避灾搬迁工程，陕西省计划用十年时间分阶段将处于危险区的居民迁入适宜居住区。避灾移民是把双刃剑，它在有效规避灾害风险的同时也可为未来的发展带来不确定性，新的生活体系无法建立，社会融入度低等问题依旧是移民工程所要考虑的问题，如何将系统性的观念贯穿始终，综合考虑所有可能带来的潜在风险才是保持避灾移民工作稳定性和可持续发展的重中之重。

（四）再次移民的或然性增大

灾害移民是规避灾害风险的有效途径。对移民而言，他们彻底摆脱了担着风险过日子的生活，迎来新的生活契机。但移民工程同时打破了原有的社会关系结构，移民过程是一个使他们不得不离开熟悉的生产生活环境去适应陌生发展环境的过程。在这个过程中，不仅物质财富、社会资源等将会受到巨大损失和影响，而且其世代传承的习俗、价值观念和生活方式都有可能出现被遗弃或消失的危险[1]。而当移民发现新的生活环境和社会结构与自己格格不入或完全无法适应时，他们则会回到故土或者再次寻找新的移民点。对于搬回原来居住点的移民，有学者认为政府出于社会公益和行政责任会对返迁的移民实施再次搬迁，于是灾害移民呈现出“移民—返迁—再移民—再返迁”的往复性特征。另外，对于想再次寻找新的移民点的人来说，搬离最初灾害多发的风险区域为他们打开了通向外面世界的

[1] World Commission on Dams. Dams and Cultural Heritage Management Final Report［R］. Beijing：Development Center of State Council，2000：8.

大门，随着他们适应能力的提高和对条件更好的居住区追求，再次搬迁的或然性就大大提高。

五、应对灾害型移民及相关问题的对策思考

包括避灾扶贫移民在内的灾害型移民在国内外的重视程度和研究深度还处于发展阶段，目前尚未形成应对灾害风险的完整体系。伴随灾害变化异常概率的逐渐增大，避灾扶贫移民搬迁在其预测、规划、选址方面还存在不小的挑战。避灾搬迁科学化、系统化逐渐发展提升，灾害风险的预测分析成为移民工程规划考虑决策的关键因素，灾害风险中的致灾因子和脆弱性决定了科学预测防范灾害以及加强搬迁科学选址、寻找适宜居住区的重要性。

（一）完善灾害风险的预测和防范体系

“灾后治理”往往是我们应对灾害的主要方式，受灾体的脆弱性这一影响因素往往被大多数人所忽略。灾害发生的风险可控性、预测性差，随着全球灾害发生频次增加，如何降低灾害风险成为科学管理的主要内容，即通过采取各种减灾行动及改善运行能力的计划降低灾害事件的风险，对灾害进行有效的风险管理❶，最终把风险减至最低的过程。建立风险防范体系最终旨在减少或避免被迫的大规模人口避灾流动，以有效地预测和防范措施保证居住地的可持续发展能力。周洪建认为应统筹考虑地区适应自然灾害的能力，结合我国《全国主体功能区规划》，探讨积极的灾害移民方案，变“因灾移民”为“因险移民”[17]。

（二）提升灾害多发区的承灾能力

在“建立适应辖区各种自然灾害的经济结构，特别是土地利用格局与

---

❶ Wilhite, Donald A, Hayes, M J, Knutson, Cody L, Smith KH. *Planning for drought from crisis to risk management* [J]. Journal of the American Water Resources Association, 2000 (4): 697 -710.

产业结构，则是从根本上降低灾害风险的长远之策”认识的基础上，结合风险发生的概率以及受灾体的脆弱性两个主导因素对症下药，通过提高备灾能力以降低受灾体的脆弱性，提高社会救助能力以加快受灾体的恢复能力，进行产业结构调整以适应辖区的自然特征来达到提前预防和规避灾害风险，提高地区可持续发展能力的最终目的。

（三）保障灾害型移民的公共服务

灾害型移民是一项系统性工程，它的正常运行离不开完善的配套设施和公共服务。为确保移民工程的效用，移民安置点规划选择应遵循“在避灾移民前需要借鉴社会脆弱性理论，尽量迁往就近的经济发展较好的地区以提高移民群体的社会承受能力，而不致使移民因为搬迁使其社会脆弱性提高，为后续发展留下隐患，例如移民反流等”的原则。同时为避免搬迁带来的潜在社会风险，搬迁规划时移民的搬迁意愿、社会融入程度、安置点社会结构等因素都要被充分考虑，而在解决移民带来的后续诸如生计发展等方面政府应该设立完善的保障体系，在基本的搬迁保障的基础上最大限度地提供更多的发展机会，进一步增强避灾搬迁的内在价值。

（四）完善移民保护和发展政策法规

任何一项工程都离不开全局性调控和系统性协调。在当今气候变化迅速、自然灾害多发的大环境下，避灾移民作为灾害风险的有效规避方式应得到规范化、体系化的政策保护。按照避灾移民的普遍性规律完善移民政策，为科学有效进行防灾减灾提供发展空间。我国自然灾害频发导致的避灾移民呈逐年增长趋势，而其中所隐藏的潜在社会问题不得不引起重视。移民社会融入度不高、搬迁后生计问题解决难等均暴露出移民政策在解决后续问题系统上的缺失，而统筹全局、综合调控的系统性规划正是保障各项环节顺利完整进行的保障。加强对移民生活境况的关注度，注重后期生存质量改善才是灾害风险下避灾搬迁的真正内涵。

六、通过主动作为化解灾害风险

无论是自然灾害，还是社会灾害都时刻威胁着人类正常的生产生活。“日出而作、日落而息”“靠天吃饭”的生存状态虽然已随着社会经济的快速发展消失殆尽，但仅有的科学技术也使我们面临着诸多的未知灾难。灾害移民，特别是避灾移民作为积极应对灾害风险而形成的防范手段有其选择的必然性。在有效改变恶劣的居住环境，改善生存状态的同时又不可避免地存在不成熟、不完善等缺陷，有关移民的科学研究体系仍需发展，实践中的观念方法还需进一步完善。随着国际社会对灾害风险、气候变化的关注，全球性灾害问题及其影响带来的避灾移民不断增加，有关灾害风险管理、风险防范以及避灾扶贫移民等的深入研究或将进一步提高应对灾害风险的知识和能力。

第六章

片区避灾扶贫移民搬迁与社会排斥机制

移民搬迁工程虽然在保障当地民众生命财产安全和统筹城乡发展等方面具有重要价值并取得明显成效，但是由于政策执行过程中存在政策排斥、资本排斥和信息排斥等社会排斥因素，移民搬迁出现普遍的“搬富不搬穷”现象，在一定程度上背离了移民搬迁设计的“挖险根”和“拔穷根”的目标和宗旨。这种偏离不仅为普通农户和贫困家庭的生产生活产生消极影响，还蕴藏着区域性社会风险并对移民搬迁活动的公平与效率原则是否兼顾提出质疑。

一、基于农户本位的移民搬迁研究

为从根本上消除重大自然灾害等因素对陕南地区民众生命财产安全的威胁，被称作新中国成立以来最大移民工程的陕南地区避灾移民搬迁已于2011年5月6日正式启动。它是陕西省实施的一项重大惠民工程和战略举措，投资总规模将超过1100亿元，计划用十年时间对地处陕南地区的安康、汉中、商洛3市的28个县（区）中的60万户、240万人进行搬迁，以改善他们的生产生活条件。移民搬迁涉及地质灾害移民搬迁、洪涝灾害移民搬迁、扶贫移民搬迁、生态移民搬迁和工程移民搬迁五种类型，统称避灾移民搬迁。由于移民搬迁人数远超过三峡移民规模，该工程受到社会各界广泛关注。

面对如此重大的区域性移民搬迁活动及其可能产生的社会经济问题，这个问题已逐步纳入政策研究者和学者的研究视野。然而，已有成果大都是一些具有官方背景或移民搬迁实施者所从事的政策性研究，其所关注的主要议题包括陕南避灾移民搬迁的政策背景、搬迁对象和主要做法，存在的主要问题以及完善移民搬迁的对策建议，受他们的身份、视野等多种因素制约，这些研究者所获取的官方资料基本上大同小异，有实地调查论据支撑的研究较少，其研究广度和深度明显不足。灾害移民搬迁不仅仅是简单的经济问题，还是一个政治和社会问题，涉及移民的社会适应、社会影响和政策调整等。正如经济人类学中实体论派代表人物 K·波拉尼（K. Polanyi）所认为的，“经济”其实是“嵌入”在社会结构之中的，有必要从地方性文化——制度来解释经济行为❶。既有关于陕南避灾移民搬迁研究大多是从宏观和政策层面，突出对移民搬迁所取得进展和成效分析，但很少有人注意到农村的地方性文化——制度对移民搬迁政策实施的影响，自然也容易忽视搬迁引发的社会效用不足问题，特别是移民搬迁的主人——广大农民在搬迁安置中的利益诉求没有得到应有重视。本章以陕南地区的丰阳县 S 镇❷的实地调查为基础，运用社会排斥理论对灾害移民搬迁中的“搬富不搬穷现象”进行初步探讨。

二、社会排斥理论与移民搬迁

社会排斥理论是一个出现于20 世纪 70 年代并被广泛应用于研究社会贫困问题的重要理论。“社会排斥”的概念由法国学者勒内·勒努瓦（Rene Lenoir）于 1974 年率先提出。它是一个多元性概念，最初含义是指经济领域中的互相排斥现象，但发展到后来就已超出经济领域，指的是社会生活各方面的排斥，包括诸如教育制度、就业劳动力市场、公共物品供给、政治参与和性别排斥等领域❸。皮埃尔·斯特罗贝尔（Pierre Strobel）把社会排斥看作一个具有多维度特点，同时涉及社会、政治、经济和文化等方面的边缘化或隔离的系统性过程。社会排斥包括半失业、贫困、社会整合

❶ Plattner. Economic Anthropology［M］. Stanford University Press，1989：12 - 15.

❷ 根据学术惯例，本章对涉及的地名和人名进行了技术处理。

❸ SENA. Social Exclusion：Concept，Application and Scrutiny［R］. Asian Development Bank，2000，(1).

与公民身份之间的各种关系，它是人类探讨市场与社会保障各自在排斥过程所生成和运行上所起的作用。“为有效克服社会排斥现象，需要查明排斥原因，并明确指出何人和哪些人在排斥”❶。社会排斥是生活居住在社会中的个体，没有以这个社会的公民身份参与各项正常活动的状态。社会成员对生产、消费、政治和社会互动的不参与或参与不足都可能被认为存在社会排斥。皮斯（R. Peace）根据有关社会政策文献的研究总结出 15 种社会排斥范畴，具体包括贫困、新贫困、长期贫困、社会边缘化、政治排斥、非物质性劣势、文化排斥（包括种族和性别）、被“最低限度生活方式”排斥、被福利国家排斥、被家庭和社区排斥、被主流政治和经济生活排斥、被工作关系排斥、被经济排斥以及被劳动力市场排斥等❷。在经济社会中，个体可能遭遇排斥的地方不胜枚举。但总的来看，社会排斥是多面向的动态过程，受到经济和社会再建构的深刻影响。导致社会排斥的原因既有功能性因素，也有结构性因素；前者主要是指个体组织或群体因为自身所拥有的个人资源和社会资源不足，导致社会功能欠缺而处于一种被排斥状态；后者是由于社会结构不合理或失衡而产生的一些社会排斥，包括制度与政策导向以及有意和无意的政策失误等。

国外研究中，很早就注意到移民过程的社会排斥问题。有学者在研究法国大骚乱问题时发现，没有根据无视民族差异的“法国模式”去正视 20 世纪五六十年代迁往法国的移民工人，而是将这些少数人口封闭城郊，使他们根本无法通过社会阶梯融入当地主流社会。移民众多，高人口密度和高失业率，使得这些地区逐渐成为犯罪、吸毒、贫困、被遗忘者与被损害者的代名词。这种事实上的社会排斥最终导致 2005 年 11 月的巴黎大骚乱。

---

❶ ［法］皮埃尔·斯特罗贝尔．从贫困到社会排斥：工资社会抑或人权社会？［J］．冯炳昆，译．国际社会科学杂志（中文版），1997（2）：21－38.

❷ Peacer. Surface Tension：Place Poverty Policy—from “Poverty” to Social Exclusion：Implications of discursive shifts in European Union poverty policy 1975—1999［D］. University of Waikato，Hamilton，1999：400.

有研究者通过对华人在美国遭遇的法律和社会排斥分析，探讨了华人移民在运筹金融资本与人力资本过程中有效增强社会资本，形成独特的族裔资本并使之与主流经济竞争。移民社区处于主流社会边缘地带，移民文化属于次等文化，不管是何种背景的移民，最终都要放弃自身独特的文化传统，脱离边缘社会制约，才能挤进主流社会之中❶。有学者从社会排斥最重要的两个横向维度，即劳动力市场和福利国家重点分析了迁移人口在欧盟国家的社会排斥机制与特点❷。

在国内，社会排斥作为一种研究视角，近年来已被广泛运用于对三农问题、教育问题、城市贫困阶层以及艾滋病问题等方面的研究。有学者对中国国内移民的社会排斥问题给予一定关注。如姚洋通过对江苏武进的苏村、浙江苍南的浙村、河北三河的冀村和广东东莞的粤村四个典型村庄的调查，分析外来移民遭受的社会排斥与经济歧视，主要包括地理空间隔离、基本政治权利丧失、有限的社会交往，难以享受福利以及在劳动力市场遭遇歧视等❸。

需要指出的是，社会排斥具有相对性，依据被排斥者所处的社会位置可以把社会排斥分为不同的层次❹。“如果一个人是被社会排斥的，他必须在地域上居住在那个排斥他的社会里”❺。本文所探讨的移民搬迁中存在的社会排斥，是把遭受社会排斥的农民群体与他们周边的其他群体进行比较这个意义上而展开的。在对移民的社会排斥研究中，很少关注由政府主动

---

❶ 周敏，林闽钢．族裔资本与美国华人移民社区的转型［J］．社会学研究，2004（3）：36－46．

❷ 黄叶青．社会排斥视角下移民问题研究：理论发展与欧洲实践［J］．西北人口，2011（3）：88－93

❸ 姚洋．社会排斥与经济歧视——东部农村地区移民的现状调查［J］．战略与管理，2001（3）：32－42．

❹ 朱冬亮．集体林权制度改革中的社会排斥机制［J］．厦门大学学报，2007（3）：122－128．

❺ 彭华民．社会排斥与社会融合：欧盟社会政策分析路径［J］．南开学报：哲学社会科学版，2005（1）：23－30．

和动员组织的非自愿性移民。在这一意义上，本章试图结合研究者2012年4月在陕南若干村庄的实地调查资料，来分析避灾扶贫移民搬迁的社会排斥问题。

三、移民过程中的“搬富不搬穷”现象

在探讨移民过程的社会排斥问题之前，有必要从相对宏观层面对陕南移民搬迁的背景和进展进行简要回顾。陕西地处黄土高原，地质灾害频发。地处陕南的商洛、汉中、安康三市的地质条件差，山体稳定性脆弱，易发生滑坡、山洪、泥石流等次生灾害。据不完全统计，仅2001—2010年十年间，陕南地区共发生地质灾害2000多起，造成590多人死亡或失踪，直接经济损失超过460亿元。位于秦岭、巴山之间的陕南地区每年5～10月进入汛期，最容易发生洪涝和山体滑坡。2010年7月的特大洪灾，使陕南多次遭受特大洪涝灾害和泥石流、滑坡、崩塌等地质灾害，新增地质灾害965起，死亡88人、失踪138人、6人受伤，49万间房屋受损，4.9万顷耕地损毁，给当地人民生命财产安全造成重大损失[1]。为改变灾区群众生活困境，结合推进城镇化和新农村建设进程，陕西省政府先后制定并颁发了《陕南地区移民搬迁安置总体规划》《陕南地区移民搬迁安置工作实施办法（暂行）》《陕南地区移民搬迁安置建房资金筹措方案》和《陕西陕南移民搬迁工程有限公司运行机制》等若干文件，拉开2011—2020年陕南避灾移民搬迁工程的帷幕。

坚持“政府引导、群众自愿；以人为本、民生优先；因地制宜、突出重点；整合资源、传承特色”原则的陕南移民搬迁是一项保障当地群众生存安全、改善生活生产条件、促进经济社会发展的民生工程，不仅对富民强省和推进陕西经济社会协调发展具有重大意义，而且对全国同类地区推

[1] 李永平，王怀斌：《陕南地区移民搬迁安置工作实施办法解析》，http：//www. cnwest. com.

行避灾移民也具有示范价值。在十年规划期内，确定移民搬迁共计63.54万户、240万人，其规模远超139.76万人的三峡库区搬迁移民。安置方式上，主要采用入城进镇、小村并大村和移民新村、分散安置三种方式。移民搬迁将投资1109.4亿元，涉及移民建设投资、基础设施投资、公共服务和土地整治投资等。与一般生态移民搬迁、库区移民搬迁不同的是，陕南移民工程不是单纯为搬迁而搬迁，而是要同时建设农民幸福新家园，促进城乡统筹，使贫困群众共享改革发展成果。它以“搬得出、稳得住、能致富”为检验标准，以“挖险根”和“拔穷根”为目标。

为切实推进此项工作开展，陕西省专门成立陕南地区移民搬迁工作领导小组，将移民搬迁任务层层分解，按年度计划推进，各级政府之间签订《陕南移民搬迁目标责任书》，每年对移民搬迁工作进行检查考核。2011年安康市启动建设245个集中安置小区，启动避灾扶贫搬迁安置建房29150户，可安置群众116812人，占年计划任务的132.5%；已竣工25964户，可安置群众92771人，占年计划任务的115.9%，超额完成了省政府下达的任务。源于自上而下全力推进，2011年年底有6万余农户20多万名群众搭上陕南移民搬迁首班车，移民搬迁取得明显成效。如果只是从全省或全市的宏观层面笼统地分析移民搬迁绩效，很容易掩盖许多难以忽视的事实。面对这项“最大的民生工程”和影响深远的规划性工程，人们很自然会追问：移民搬迁是否有效实现了政府拟定的“挖险根”和“拔穷根”的目标？普通民众从中获益多少？这个问题是任何制度安排都无法忽视的效率与公平是否兼顾的问题，也是移民搬迁要重视的关键所在。

已有报道和研究表明，纳入陕南移民搬迁规划的乡村，无论是特困户、五保户，还是普通农户，广大农民都从移民中获得许多实在利益。然而，笔者对陕南某些农村移民搬迁的村级实践的调查并未证实上述判断。S镇的避灾移民搬迁工作从2011年5月开始，当年启动A、S 2处安置点建设，计划搬迁1000余人。L村有5个村民小组，115户、510多人，居住非常分散，交通十分不便。2010 年 7 月该村遭受特大洪灾袭击，房屋损毁严重，被认定为不再适合人类居住，属于洪涝灾害移民搬迁范畴。截至 2012 年 3 月 31 日，该村已经搬迁出 70 户，主要迁往 A 安置小区。但具体实施中优先搬迁的不是居住在易受洪水地质灾害威胁地区、边远贫困山区的村民及农村危房户和特困户，而是村庄中各种“能人”或具有较多社会关系或财富的家庭，如村干部、经济能人。调查发现，“有能力”和有关系的农户都搬出 L 村，剩下还未搬迁的都是没有资金、缺乏关系的普通农户或是贫困家庭，他们依然住在随时可能遭受灾害威胁的偏远山村和危房之中艰难生活。此外，有关系的个别农户甚至迁往原本不属于该村集中安置的小区，搬迁到靠近县城和高速路边的 S 安置点。“搬得出”是实施陕南移民搬迁安置工程的前提，但是移民搬迁在基层实践中产生了严重的“搬富不搬穷”现象。这种改革效应显然谈不上所谓的“挖险根”和“拔穷根”了。

类似情况在丰阳县其他地方也不同程度存在。W 村共有 96 户，目前已搬迁出去的 62 户也都是具有较强“实力”，尚未搬迁的农户主要是村庄中的“弱势家庭”，但这些家庭其实最需要及时迁往安全的居住地。尽管也有少数普通农户搬迁并住进新的移民安置小区，但由于属“无土安置”的移民，他们又缺乏专门的致富技能，在新社区中的生活异常艰辛，无法与村庄精英相比较。

可见，尽管陕南移民搬迁开展不久，促进城镇化发展本身也是移民搬迁的主要目标之一，但在有的农村地区，移民搬迁在提升城镇化水平的同时也导致了“搬富不搬穷”现象。其结果是村庄能人因移民搬迁而大大获益，而大多数普通农民被各种社会排斥机制排斥在移民搬迁之外。移民搬迁造就了少数借避灾移民搬迁之机“迅速脱险和脱贫”的精英阶层，大部分农民由于社会排斥而失去原本优先搬迁的机会，继续生活在边远、贫困和危险的山村。

四、移民搬迁中的社会排斥因素分析

移民搬迁之所以产生“搬富不搬穷”现象，与移民搬迁制度设计存在某些缺陷和其他社会排斥因素有关。“社会排斥可分为建构性排斥和工具性排斥”❶。建构性排斥主要是指制度安排本身存在排斥性机制，工具性排斥主要与制度实施中出现的执行偏离有关❷。事实上，导致避灾移民搬迁中“搬富不搬穷”现象的社会排斥因素也大体可分为这两类。它不仅与移民搬迁制度安排存在的缺漏有关，也与移民政策在基层实施过程中出现违规操作有关。主要体现以下三个方面。

（一）政策排斥导致“搬富不搬穷”现象

“搬富不搬穷”现象的出现与移民搬迁政策所蕴藏的排斥精神有关联。整个陕南移民搬迁政策的执行，主要瞄准的是加快推进城镇化建设，相对忽视其出发点是为解决贫困群众居住安全问题。移民搬迁制度主要设计者认为，“陕南移民既是民生工程也是发展工程”❸，每个集中安置点必须在30户以上，集中安置率要超过80%的硬指标；要以陕南移民搬迁为契机，大力提升城镇化水平，缩小城乡差距。全省所确定的107个重点镇解决部分移民搬迁安置问题。既然上级政府和主要领导具有这种政策意图，基层组织在执行政策时也就自然以效率为主要导向，而不是以实际需求和社会公平为取向。在实施移民搬迁的过程中，往往不是把最需要搬迁的对象和最贫困群体而是把有能力搬迁的农户作为主要和重点搬迁对象，“能一次性缴清自筹款的农户优先”，“搬富不搬穷”的现象也就自然层出不穷。

现有政策规定对移民搬迁整体规划做了部署，但移民搬迁安置工作遇

❶ ［印］阿马蒂亚·森．论社会排斥［J］．王燕燕，译．经济社会体制比较．2005（3）：1－7.

❷ 朱冬亮．集体林权制度改革中的社会排斥机制［J］．厦门大学学报，2007（3）：122－128.

❸ 杜朋举．提高认识加大力度 抓实抓好移民搬迁［N］．陕西日报，2012－06－08（1）.

到的很多具体问题并没有提供明确依据。如避灾移民应享受的优惠政策、对有条件进城购置商品房的搬迁对象如何补助等都没有明确规定，对移民搬迁过程中遇到的户籍、就业、养老、医保、入学、低保等具体问题的规定也比较笼统甚至是空白。政策制定没有考虑到移民群体的特殊情况。对安置房户型面积涉及与部分地方群众在长期生活中所形成的实际需要还有一定差距。个别地方在搬迁安置过程中脱离群众和当地实际，过分强调宽、大、好，变相增加移民安置成本，这也使得普通农户难以承受搬迁成本之重。此外，一些地方强调集中安置多，关注分散安置少，分散安置移民的政策兑现、建房质量和发展致富令人担忧。这从侧面也说明了政策排斥与“搬富不搬穷”的现象之间的关系。

（二）资本排斥助推“搬富不搬穷”现象

社会排斥之所以产生很大程度上与相关对象的能力缺失或被剥夺有关。避灾移民搬迁过程中，“搬富不搬穷”现象的出现与广大普通农户移民搬迁能力被剥夺有很大关系，能力缺失的背后与移民搬迁中的资本排斥紧密相连。移民搬迁政策执行面临土地、资金等诸多难题。根据《陕南地区移民搬迁安置工作实施办法（暂行）》等文件的规定，移民搬迁所需资金数额庞大，既需要建房资金，也包括公共设施建设资金，还要包含执行、检查考核等隐性资金。移民搬迁建房面积按60、80、100平方米设计，搬迁户根据家庭人口实际，按人均不超过25平方米标准确定以上三种户型。关于建房资金，政策规定搬迁户选择上述三种房型分别承担1万元、2.5万元、4万元，建房其余资金由省、市、县财政补助并整合项目资金统筹解决。但该办法规定的农户出资数额给市县财政配套补助建房资金带来巨大压力。陕南三市基本上都是示范财政，地方财政捉襟见肘，基本上无力承担建房配套资金，更谈不上承担安置小区公共设施建设的重任。在这种情势之下，移民搬迁成本自然被转嫁到搬迁居民身上，并且要承担较大的比重。这是资本排斥的主要体现之一，也是极具隐匿性的。

其次，资本的排斥也与农户自筹资金能力很弱有关。需要搬迁的绝大多数农户原本居住在偏远山区，收入微薄且不稳定，生活贫困，使其难以筹集到基本的搬迁资金。移民搬迁前需要他们先出资 2 万元，对他们而言是一笔巨大资金而难以承受。属于相对弱势群体，社会资本极其匮乏，他们有限的亲戚朋友也大都面临一样的搬迁抉择难题。能够支付得起移民搬迁成本的主要是村庄中的经济精英、政治精英和文化精英。他们凭借自身的资金优势，事先抢占有利的安置小区、住房位置和房屋类型，而普通农户由于资本的匮乏只能“望房兴叹”。

最后，资本的排斥与信贷部门的资本信贷排斥有关。信贷部门中有小额信贷之类的借款解决农户移民搬迁资金难题，但普通农户因缺乏社会关系、缺乏抵押物通常无法得到应有资金支持。包括信贷资金在内的移民搬迁补助资金不是用在最贫困、最需要的人身上。越是在偏远、贫穷的农村，由于闭塞和法制不健全，村干部有相当的威严掌握着大多数村民的命运，村民则大多软弱有所顾忌，尤其是那些贫困家庭，即使遭遇不公，也只有寒心，敢怒不敢言，这在一定程度上纵容村干部的跋扈。移民信贷资金的借支缺乏公开和有效的监督。信贷部门只是把钱层层下拨，而没选派专职人员下去监督，没有公示制度，更不去入户调查，这在很大程度上让一些村干部和村庄精英钻了空子。如此更加助长一些村干部利用手中的权力胡作非为，也就自然会出现“搬富不搬穷”“优亲厚友、乘车搭船”的现象。

（三）信息排斥引发“搬富不搬穷”现象

山区普遍的封闭落后和信息不畅通，使得一些农民对陕南避灾移民政策和价值缺乏足够的认知，这种信息不对称而引发的信息排斥也在一定程度上可以说是“搬富不搬穷”现象滋生的土壤。调研发现，尽管待迁移民了解移民搬迁政策的渠道主要有村干部宣讲、电视广播、宣传单和亲戚朋友之间的交流等途径，但不少农户受文化水平不高的限制并不能及时、全面和真实获知移民搬迁的信息，特别是在乡村干部如果宣讲动员不到位的情况下。信息来源渠道受阻和对移民搬迁信息不敏感等因素，使得这些农民往往不能主动出击，而是选择观望态度和跟随行为。这一定程度上也引发了“搬富不搬穷”现象。

因为信息不对称，一些农民还有较为严重的“故土难离”思想，甚至出现少数农户将自身移民搬迁指标以较低价格转让给同村人或非移民搬迁范畴的家庭。事实上，移民搬迁中获益的主要是一些村干部、乡村能人、承包商和个体户等。这些精英人物利用手中可以支配的技术和市场信息优势、财富资源、社会关系等因素，率先迁移出大山深处。一些普通农民只有见到最先搬迁的移民入住新的安置点后，才意识到移民搬迁的好处远大于弊端。但是为时已晚，后来准备搬迁的农户，受建材价格、工钱上涨等因素影响，要承担的搬迁成本更大，预先支付建房资金也比最初多。由此可见，山区的封闭落后、农民的思想观念滞后以及信息的不畅通是致使广大普通农户被排斥在移民搬迁之外的重要因素之一。

上述三个方面社会排斥因素的存在，导致陕南地区避灾移民搬迁存在大量“搬富不搬穷”现象。普通农户大都没有摆脱灾害威胁，从移民搬迁中获益非常有限。由于不少农户迁离原有山村，使得整个村庄日益凋敝、冷清，未能搬迁出去的农户不仅没有获得任何利益，相反，他们因为移民搬迁反而蒙受不应有的损失。移民搬迁之前，绝大多数农民在村庄能够维持基本的生产生活，邻里之间也可相互帮助和嘘寒问暖，种植庄稼尽管普遍收益有限，但还是可以解决吃菜问题和部分口粮。移民搬迁开展后，特别是村庄中大部分农户离开村庄，由于距家较远，经营不便以及种地无利可图，大部分土地被撂荒；野猪出没更加频繁，破坏日益严重，种植业收获基本为零；村庄居住人员锐减，原有的熟人关系和邻里关系也被打破。

这就意味着今后还在村庄中生活的农户要更多地从市场上购买生活资料，更需“自力更生”。这无形当中增加了农户的生活费用和精神负担。更为严重的是，这些尚未搬迁的农民已经开始对移民搬迁的做法、效果和公平性提出了质疑，各种社会风险随之蕴藏其中。

五、移民搬迁要兼顾效率与公平

陕南避灾移民搬迁作为区域性经济社会发展的重大事件，无疑具有重要的现实意义和政策价值。但是如何规避“政策下乡”所带来的消极作用，使这一惠民政策真正“下乡”是需要直面的重要课题。对普通农民而言，社会排斥是一种权利剥夺、机会剥夺。没有安全的居所而要面对自然灾害侵袭可以说是一种工具性剥夺。在乡村社会，对于一个没有安全居所的家庭而言，其处境是十分艰难的。如果个体的安全和生存都无法得到有效保障，这会使该家庭遭受进一步的经济和社会剥夺。笔者所调查的陕南地区移民搬迁中出现的“搬富不搬穷”现象与移民搬迁制度安排和政策执行中存在的政策排斥、信息排斥和资本排斥等社会排斥因素密切相关，移民搬迁也因此偏离当初制度设计要实现“挖险根”和“拔穷根”的目标。从最近一年多的移民搬迁结果来看，效率优先取向的陕南避灾移民搬迁的好处主要被各地村庄中的能人所获得，而大多数普通农民取得的收益是很有限的，他们并没有因此“脱险”和“致富”。在当前农村社会已经出现贫富分化和社会分层的背景下，如何推进区域性灾害移民工程，使移民搬迁能够兼顾效率与公平，这需要慎重考虑和认真对待。实践表明，陕南避灾移民搬迁进程无疑显得有些太急迫，其成效和经验是今后若干年深入推进移民搬迁过程中需要认真加以总结和反思的。建议相关部门要认真审查搬迁对象，严把搬迁“准入关”，消除各种对普通农民搬迁有社会排斥的因素，减少和杜绝“搬富不搬穷”现象。此外，对于处于不适合民众居住的村庄并位于政府规划的移民搬迁范围内的地区，无论农民的穷富，也无论空间远近，都要进行全员化移民搬迁，特别需要关注待迁人口中的相对弱势群体，只有如此才能确保大规模的移民搬迁工程取得预期成果，促进区域经济社会发展。

第七章

秦巴山区移民搬迁的资金问题及破解[1]

陕南地区避灾移民搬迁作为区域性的重大工程，具有重要的经济社会价值。由于移民搬迁规模空前、搬迁周期长、类型复杂和所需投资大等特点，加之其他各种未知因素的影响，将会对资金链带来很大的考验。推进避灾移民活动，资金到位是关键。通过对陕南地区避灾移民搬迁规模、资金来源、资金结构等方面的剖析，期望揭示陕西秦巴山区移民搬迁过程中资金的制约因素及其破解路径。

❶ 张鹏洋和李卓在资料收集等环节为本章做出了贡献，特此致谢！

一、移民搬迁工程遭遇资金难题

陕南地区大规模避灾移民搬迁作为改善陕南山区群众生产生活条件的民生工程，将从根本上消除自然灾害造成的威胁。这不仅对富民强省和推进陕西经济社会协调发展具有重大意义，而且对全国相似地区推行生态、灾害移民也具有示范价值。该工程计划从2011年开始，用十年时间搬迁陕南地区240万人，涉及投资数额超过1100亿元，移民规模远超三峡移民搬迁工程。根据移民搬迁的范围和对象，可将之分为地质灾害移民搬迁、洪涝灾害移民搬迁、扶贫移民搬迁、生态移民搬迁以及工程移民搬迁等类型，统称避灾移民搬迁。

陕南移民搬迁是一项复杂的系统工程，面临着移民节奏紧张、资金缺口较大、土地资源制约及贫困农户筹款能力有限等难题。工程涉及移民建设投资、基础设施建设投资、公共服务和土地整治投资等较多领域。巨大的资金需求量让搬迁工作变得困难重重，因而资金来源问题成了移民搬迁的头等大事。“移民搬迁工程受到了陕南山区群众的普遍欢迎，但这项利在千秋的惠民工程目前面临着资金缺口巨大的难题。”❶ 国家统计局安康调查队的数据也显示：根据目前市、县财力，难以落实如此大量的财政配套资金。❷ 时任安康市扶贫开发局副局长的刘子龙指出：“核心还是钱的问题不好协调，钱从哪儿来？如果钱不落实，这个工程就会被老百姓理解为大忽悠。”❸ 不难看出，能否及时缓解资金供给困境，在很大程度上决定了整个移民工程的进程与成效。

二、被调查样本的基本情况

2012 年 4 月和 2012 年 8 月笔者组织课题组成员开展了两次实地调查研究，团队成员深入到陕西省山阳县十里铺镇高一村、高坝镇老沟村和中村镇等多处移民搬迁安置点，进行了实地走访调查，发送调查问卷 120 份，有效回收问卷 113 份。问卷样本涉及山阳县不同经济发展水平的三个镇，每个镇随机选取 1 ~2 个移民安置点。调研内容主要包括资金来源、移民意愿以及现实处境等方面，并针对搬迁移民自筹资金情况，运用统计分析软件 - SPSS 进行分析。为弥补问卷调查的不足，调查组还与当地移民搬迁者本人进行座谈或半结构式访谈，并运用查阅文献资料等方法，以尽量确保资料收集的完备性、科学性和准确性。

在 113 个有效调查样本中有 65 个为男性，占调查总人数的 57.5%，女性有 48 个，占总人数的 42.5%，年龄分布以 31 ~50 岁的村民居多，约占样本人数的 53.1%，文化程度上，搬迁居民中文化程度整体较低，样本数据显示，初中及以下文化程度人数占 87.6%，高中及其以上的人数仅占 12.4%。

---

❶ 刘晓斌．移民搬迁获群众普遍欢迎，目前面临巨大资金压力［EB/OL］．http：//news.cnwest.com/content/2012 - 01/14/content_ 5857782.htm 西部网，2012 - 01 - 14.

❷ 王帅．陕南移民搬迁：三大难题亟待破解［N］．陕西日报，2012 - 02 - 10（10）.

❸ 李敏．陕西拟十年移民近 280 万人，扶贫搬迁资金成难点［J］．中国新闻周刊，2011（19）.

三、移民搬迁资金来源困境分析

实现陕南移民搬得出、稳得住、能致富的目标，充足的资金供给是十分必要的。陕西省属西部一个欠发达的省份，2011 年全省实现生产总值 12391.3 亿元，财政总收入为 2577.97 亿元，全省农村居民人均纯收入 5028 元，位居全国第 26 位，而陕南三市的财政收入总和仅占全省的 2.38%，三个市的财政收入加起来，还比不过榆林市的一个神木县。这样的经济总量和财政规模对于完成如此宏大的民生工程是相当吃力的。

按照《陕南地区移民搬迁安置总体规划（2011—2020 年）》要求，陕南地区移民搬迁安置共需投资 1109.4 亿元，其中移民建房投资 772.2 亿元，基础设施、土地整治、公共服务及其他投资等 325.1 亿元，自主迁移投资 12.1 亿元，以及 24.8 亿元的土地整理项目投资❶。在建房投资的 772.2 亿元中，村民自筹 715.9 亿元。省级财政扶持资金每年 2 亿元，十年 20 亿元，按 5∶5 的比例市县两级地方再配套 20 亿元，另外再争取中央财政资金 20 亿元。此外，规划还建议西安、宝鸡、咸阳等市“对口支援” 8.4 亿元。

《规划》中所列出的资金数额仅仅是计划投资，还不是最终实际投资。参照之前三峡移民的实例，考虑到近年来及在今后相当长时间里，物价上涨和通货膨胀的因素，上面所列的投资款项难以满足搬迁的要求。笔者将从移民自筹、地方财政以及时间成本效应的影响等方面对目前移民搬迁中的资金困境进行分析。

（一）移民自筹搬迁资金的来源

1. 访谈获得的移民资金情况与实例

调查发现，搬迁过程中移民资金花费主要包括建新房费用、搬迁中损坏和丢弃物品价值、新增生产工具费用和新添家用物品花费四项费用，这

---

❶ 彭洁．对陕南移民搬迁的思考［J］．产业与科技论坛，2011（18）：07 -08．

笔搬迁资金对于大多数农村家庭来说已成为其搬迁的难以承受之重。总体来说，政府对移民的直接补贴平均数额为每户3万~4万元，只占到了搬迁费用的20%左右，补助显然是杯水车薪；剩余的10多万元不得不由移民自己承担，移民能否自筹到足额的搬迁资金已成为搬迁难问题的主要症结所在。迁户目前所从事的职业统计数据显示，目前有40.7%的村民以外出打工为业，40.7%的村民以务农为业，两者合计超过80%。而做生意的仅占调查人数的7.1%，担任村干部占调查人数的6.2%，其他占5.3%。可以看出移民经济来源方式单一，主要以务农和打工收入为主，收入水平相对较低，自筹资金存在很大困境。

案例1 十里铺镇鹃岭移民安置点的姜老汉，今年65岁，原属十里铺镇老沟村村民，安置房为100m²，期间缴纳地基费和根基建设分别为1万元和2.3万元，除去政府补贴之外，现已合计花费自家资金近15万元，主要依靠在太原打工的两个儿子的工资收入，无银行存款。

案例2 十里铺镇高一村移民安置点的陈老汉，原属老沟村一组村民，访谈时刚从西安市武功镇打工回来，据介绍其工作每天60~80元，由于老沟村小学撤销，为解决孙子上学搬迁到十里铺村。家中经济拮据，且前年（2010年）洪灾房屋受损，搬入新居需交10万元才能拿到钥匙，现已以一分息从银行贷款5.6万元，另外自己医病，儿子结婚还需大量费用，邻居见其家里负债多，不愿借钱帮助。

案例3 中村镇移民安置点的王老汉，今年74岁，至今仍住在半山腰自家30多年的石板房内，由于家中没钱，大儿子做了邻村上门女婿，生活并不富裕；小儿子家中已有两子一女，家庭压力大，两个儿子都无法顾及老人日常生活，需老人自筹移民搬迁费用。家中的核桃树、椿树和栗树是老两口主要经济来源，勉强维持生计，倘若搬至新居将无任何经济来源。

2. 移民自筹资金状况

作为移民搬迁的主体，除了得到政府一定量的补贴外，搬迁户的建房资金大多是自筹的。在问及“移民自筹资金来源”时，60.2%的村民依靠自身积蓄，78.8%的村民需要向亲戚朋友借钱，65.5%的村民需要从银行贷款，还有1.8%的村民不得不求助于高利贷。由于山阳县的搬迁主要以避灾移民为主，在频繁遭受自然灾害后，村民自身的积蓄所剩不多，对于建房的单个搬迁户来说，资金缺口仍然很大，由此可以推测出整个移民工程的资金缺口将会更大。

银行贷款是融资的重要手段之一，政策层面也鼓励拆迁户通过银行贷款填补资金缺口，可是实际上金融机构惧怕信贷危机，导致银行贷款门槛高，担保困难，让很多人无法贷出钱或无法贷出足够的钱；由此使得部分拆迁户铤而走险去寻求民间融资，即所谓的高利贷，较高的利息在一定程度上加剧了搬迁户的经济负担，从而对实现“搬得出、稳得住、能致富”的目标提出严峻挑战。

（二）地方财政与移民搬迁资金的供求矛盾

陕南地区由于其自身条件的制约，经济发展相比陕西省其他地区来说，一直比较落后。境内28个县（市）中，有21个属于国家级或省级贫困县，2011年陕南3市财政收入仅占全省的2.38%[1]，足以见得该地区贫困程度之深，财政资金供给能力非常有限。在此基础上来看此次陕南移民的融资模式，无疑对地方政府财政是很大的挑战。陕南移民搬迁指挥部最新统计数字表明：截至2011年12月底，全省移民搬迁共筹集资金27.55亿元，市、县完成配套资金9亿元，搬迁农户自筹资金24亿元。此外，基础设施配套资金12亿元，搬迁公司筹集资金53亿元，其中搬迁公司支付周转资金14.47亿元。取得上述成绩，对资金紧缺的陕南贫困地区政府来讲实属不易。然而移民问题并不能一蹴而就，在往后相当长时间里必定还需要大量的后续资金。

除此之外，如果仔细研究一下陕南移民搬迁规划中预算的1100亿元资

[1] 梁珂．关于陕南移民搬迁工作的几点思考［J］．西部财会，2012（6）：9－10．

金，就不难看出，配套资金主要集中在移民拆迁补贴和建房费用上，而迁入地的基础设施建设资金、配套公共服务等弹性较大的领域并未规划出清晰的资金数额，现在的规划资金存在相当大的缺口。倘若考虑到通货膨胀和物价上涨等因素，预算的1100亿元是远远不够的，所缺资金怎么办？这就成了地方政府必须考虑的又一难题。

（三）长远效应下影响资金的因素

1. 物价走势不容忽视

此次移民工程耗时10年之久，期间的物价走势也必然会成为影响移民效果的重要因素，尤其是建材价格、人工费、运输费等对于住房建设和基础设施建设投资数额有相当大的影响。尽管无法准确描述各类移民房屋造价中材料费的比重，但是通过对中价协收集编制的《常用房屋建筑工程技术经济指标》统计数据可知，在当前房屋造价组成的结构比例中，人工费约占12%、建材费约占65%、机械费约占8%、其他费用（如综合费用、施工措施费和规费等）约占15%。显然，材料费在房屋造价中占据着主导地位，虽然2011年前两季度建材价格相对有所回落，但目前成本推动型价格上涨压力仍然较大。由于国内资源不足，我国初级产品进口不断增加，铁矿石、原油、有色金属矿产、煤炭等产品进口依存度不断提高。受我国等新兴国家需求增加拉动，加上国际投机资本炒作，近年来国际市场初级产品价格持续大幅度上涨，我国初级产品进口价格也同步上涨。初级产品进口价格的上涨直接推动国内采掘业价格上涨，通过产业关联，间接推动原材料价格、加工工业产品价格上涨。2011年全国原材料、燃料、动力购进价格同比上涨了9.1%。建材价格的飙升也就首当其冲，在之后10年内大幅降价的可能性微乎其微，持续平稳上涨必然占据相当长时间。

根据统计数据，国内市场钢材自2010年1月以来，价格虽有所起伏，但总体上保持持续上升趋势，其中长材价格涨幅相比板材来说上升更为迅速，尤其是2010年7月之后，两种钢材在保持增长的同时，价格区间有明显拉大趋势，一定程度上决定了钢材综合价位的提升。

2. 人力资本价格上升

劳动力成本上升成为物价上涨的长期压力❶。近年来用工荒已经从东部扩展到中西部，建筑领域劳动力成本大幅度上涨。“十二五”规划明确提出居民收入增长和经济发展同步，劳动报酬增长和劳动生产率增长同步，因此收入分配改革是今后一个时期的重要任务，所以人工费用在未来10年的增幅会是相当明显的。截至2011年9月，全国有21个省（市、自治区）先后上调了最低工资标准，增幅约21.7%，包括陕西省在内的25个省（市、自治区）发布了工资指导线，增幅在14%以上。经济规模的持续扩大对劳动力的需求有增无减，劳动力供求关系日渐紧张，将加快工资上涨幅度，提高劳动成本，建筑和服务性行业价格趋于上涨。

四、化解移民搬迁资金困境的路径

（一）整合财政资金，加强管理

陕南各市县（区）政府应尽快按比例筹措建房补助资金，管好用好省财政下拨的整合资金和补助资金，确保已到位的专项资金及时下拨到具体项目，把钱花在刀刃上，杜绝资金中断流失，保证资金下拨最后渠道的通畅、高效。地方政府必须将省市下达的交通、水利、国土、电力和通信等方面的建设整合资金优先安排到集中安置小区点，进行系统管理，同时，对分散安置的群众，要严格按照省政府规定的建房补助标准对农民进行补助。

此外，需要政府提高补助标准，降低移民搬迁安置费用，减轻搬迁安

❶ 张健华，宣昌能，等．我国物价波动风险和对策［J］．经济研究参考，2010（8）：15－17.

置群众负担。采取“政府补一点、银行贷一点、项目捆一点、群众筹一点、市场运作补一点”的办法，积极筹措移民搬迁安置建房资金。为了规范对陕南移民搬迁安置项目资金的管理，建议省委省政府制定《陕南移民搬迁专项资金会计核算办法》，指导各市县（区）财务核算工作，确保项目资金的规范管理和使用，让搬迁群众“搬得出、稳得住、能致富”。

（二）发展地方特色产业，拉动经济发展

按照陕西省政府于2009年制定和颁布的《陕南循环经济产业发展规划（2009—2020年）》要求，陕南作为陕西循环经济发展的重点区域，要以科学发展观为指导，通过保护青山绿水，发展循环经济，打造三大产业，实现陕南突破发展。要长远解决陕南移民资金缺口问题，重要的是要坚持与生态环境相和谐、坚持集约节约使用土地、坚持资源整合优化利用、坚持开发、合作、互利、共赢四项原则，将循环经济理念贯穿到指标设置、主体内容、主导产业、项目选择、支撑体系以及政策措施之中，体现保护和发展陕南的主题。此外还要注意，陕南发展循环经济，要以提高资源生产率和减少废物排放为目标，走科技含量高、经济效益好、资源消耗低、环境污染少的新型工业化道路，并以优势资源为依托，打造生物加工、生态旅游、新型材料三大主导产业，转变经济发展方式，提高发展质量，增加经济总量，实现陕南经济突破发展、生态良好、人民富裕、社会和谐。

（三）加强移民工程融资，拓宽融资渠道

改善国内金融环境，适当加大基层银行贷款占存款的比例，扩大放贷规模；降低移民申请贷款的准入门槛，尝试多种金融机构参与，更大程度发挥陕南搬迁工程公司的融资作用，有效地化解贷款担保难的困境；简化贷款办理手续，缩减放贷程序，为村民提供简捷、通畅的办理流程；银行为移民提供相对优惠的低息贷款，鼓励移民办理银行贷款业务。

（四）发挥移民自身积极性，增加可支配收入

由于陕南移民搬迁农户大多居住在深山，收入渠道有限，本身不富裕，加之移民搬迁带来的农民失地、就业困难等问题，必然会导致其通过寻求新途径改善自己的生活。在被调查的113位村民中，约有29.2%的人期望增加就业机会，36.3%的人期望增加收入，10.6%的人期望加强技能培训，三者合计约占总调查人数的76.1%。搬迁居民积极投身新家园建设的热情可见一斑。

应根据村民实际经济收入情况让搬迁群众合理地承担费用，从而发挥移民配合搬迁并投入到新家园的建设中。要尽可能将一部分移民搬迁到循环经济产业园区或经济基础相对较好的区域，这样做，一方面可为今后迁入地经济发展提供劳动力的供给；另一方面，为拆迁群众提供就业机会，增加家庭收入，此外应鼓励移民在迁入地发挥特长，利用当地自然和经济优势自主创业，以达到一举多得的效果。

另外，对于广大搬迁的农民来说，掌握一门实用的技术、寻找一条能致富的门路，比收到政府一笔补助更能解决现实生活需要，这也是提高生活质量的必备条件。调查发现，山阳县超过一半的移民家庭以外出打工作为主要经济来源，而这些外出务工人员大多文化程度偏低，从未接受过专门的技术培训，不得不从事体力活，收入难以维持家计。建议充分利用各种技术培训，提高他们技能水平，实现有效的劳务输出，使得掌握一技之长的劳务人员稳步带动家人致富，实现“输出一人，致富一家”的目标。

（五）鼓励政府与市场合作，吸引社会资金

市场在资源配置中拥有重要作用，但并不是万能的，尤其是在促进社会公平方面，需要政府参与来共同配置有限资源，尽可能实现帕累托最优，增加正的外部效应。此次移民搬迁需要投入资金多，要广开资金渠道，用足用活各项扶持政策，把移民搬迁配套资金列入年度预算，并积极

引导民间资本参与搬迁。比如，政府可与企业合作经营当地旅游产业，吸收企业资金开发当地资源，从而拉动相关产业发展，增加工作岗位；此外，政府可给予房地产商一定补贴，要求其在建制移民安置房时，留出一楼的房子作为商业门面，待移民迁入后公开招标出租，解决部分迁入人员就业，增加经济收入，完善基础设施，定期收取租金，达到弥补政府之前补贴支出等一举多得的效果。

（六）提升陕南移民工程规格及级别，获取国家支持

作为涉及240多万人口的陕南移民搬迁工程，仅仅依靠陕西省财政支持，显然难以有效推进和完成，可以结合生态保护、生态移民、地质灾害治理、退耕还林、扶贫开发以及水利建设等方面的政策，努力争取上级部门的对口资金扶持力度。“三峡移民工程”的移民规模是巨大的，如果仅仅依靠迁出地和迁入地所在省份，是无法妥善解决移民安置的，正是由于多省努力争取，使之由区域性工程转变为国家级计划，才确保其最终顺利完成。陕南移民搬迁工程可借鉴这一模式，更好更活利用国家支持西部发展的机遇，借助外力更好更早完成陕南搬迁移民工程。建议通过各种途径向中央政府呼吁将陕南移民搬迁工程纳入国家层面，积极争取中央政府支持，使陕南移民工程上升为国家政策或战略目标，获得更大的财政支持和政策倾斜，以推动这项民生工程深入持续开展。

五、进一步的思考

陕南地区大规模避灾移民搬迁工程目前还处在起步阶段，后续工程量还很大，任务也异常艰巨。本章虽然以山阳县为调查点，在其周边多个移民安置点进行系统调查，对该县移民搬迁的融资现状、存在的问题及资金解决对策方面进行一定的探讨，但由于笔者知识、能力、经费等因素的限制，还存在着缺陷。首先，本章选取的调查对象为一个县的移民安置点基

本情况，样本规模相对较小，可能产生代表性不强的质疑。其次，陕南移民搬迁工程还处在起步阶段，缺乏可供参考的前期成果，理论依据可能相对不足。此外，考虑到国际国内经济形势不稳定，通货膨胀、物价上涨等现实不确定因素的影响，移民的实际效果还有待进一步观察，但是，关注这项规模宏大的移民搬迁工程，破解其资金难题，无疑具有重要的现实意义和深远影响。

第八章

易地搬迁与移民型安置社区管理创新

开展避灾扶贫移民是我国西部山区城镇化进程的重要任务，也是推进新型农村社区建设的一种有效路径。基于“避灾扶贫”需要的陕南地区大规模移民搬迁活动，尽管打破了原有的村域界限，也形成新的居住模式，但是这些移民社区在社区建设和服务管理模式等方面亟待改进。在对避灾扶贫移民型社区基本类型、发展状况与典型代表进行分析的基础上，非常有必要进一步探讨加快和完善西部山区避灾扶贫移民型农村社区管理的发展路径。

一、移民搬迁引发村落单元的变革

避灾扶贫移民问题是当今中国发展进程中需要面临的一个重大课题。近年来我国自然灾害的数量和因灾导致的损失有逐年增长趋势，西部地区更是灾害频发的高危地带，饱受各类灾害胁迫。在此背景下，扶贫生态移民活动在贵州、宁夏、江西、陕西等多个省份大力推进。目前学界对此更多关注的是“搬得出”问题，而对迁移之后“稳得住”和“能致富”问题的探讨有待加强。位于秦巴山区的陕南地区[1]山大沟深，灾害隐患分布广、发生频繁，仅2010年就致使237名人员遇难和失踪。为消除自然灾害风险和改善山区居民生活条件，被称为“新中国成立以来最大移民工程”的陕南避灾移民搬迁工程于2011年5月6日应运而生。它以“避灾减贫”为特色，计划为期十年、投资1 109亿元。搬迁对象涉及陕南3市28个县（区）中的60万户、240万人，远超过三峡工程的移民规模。

开展大规模避灾扶贫移民活动以来，陕南地区已涌现出上千个避灾扶贫移民的新型农村社区和安置点，对于提高城镇化率和促进公共服务均等

[1] 通常意义上的“陕南”主要包括陕西省南部地区的安康市、汉中市、商洛市。

化有积极作用。基于避灾扶贫需要的移民活动，尽管打破了原有的村庄界限，也形成新的居住模式，但这些移民社区在服务管理模式和产业格局等方面亟待改进。为深入分析山区避灾扶贫移民型社区建设和管理的基本类型、典型做法、存在问题和对策建议，课题组选择具有典型性，又有代表性的安康市相关移民社区进行实地调研。地处秦巴山区腹地的安康市辖有2区9县，属秦巴山区集中连片特困地区的范畴。这项研究既关注整体情况，也考察典型社区，力争能为山区避灾扶贫移民型社区建设与管理提供一定智力支持。

二、避灾扶贫移民搬迁社区管理现状

（一）移民社区基本状况

安康市2011—2013年累计规划建设30户以上集中安置示范小区767个。从搬迁区域看：跨县区的移民安置社区2个，规划安置19000户、72000人；跨镇办安置社区22个，可安置4800户、18200人；社区规模上：1万人以上社区有17个，5000～10000人社区有26个，1000～5000人社区有65个，500～1000人小区有255个，500人以下的有404个。避灾扶贫移民社区具有以下特征：

1. 规模小。500人以下的集中安置点占到53%。按照中、省设立城镇社区的标准，城市社区要达到1000户或3000人以上居住规模；农村社区需达到300户或1000人以上居住规模，相对较小的移民安置点的社区服务不易跟进。

2. 布点多。安康有767个避灾扶贫移民安置点，集中安置点数量较多；一个镇移民安置点布点最少也有3个，多数镇安置社区布点达5～7个。

3. 管理滞后。目前很多移民安置点基本还处在忙于建房和搬迁阶段，对已经搬入社区的居民管理服务工作尚未进入实质性阶段。即使有管理机构，但也缺少人员和办公经费，无法有效开展工作。

调查发现，造成上述状况的主要原因有：一是安置点建房选址难度大。山区受地形条件制约，平坦的土地稀缺。安康地区比较开阔的平地只有平利县城、汉阴县城、汉滨城区和高新区；其他的县城不是建在坡上，就是建在山沟里，安全隐患大。若安置区选址不慎，无法彻底消除灾害胁迫。二是农民对土地的依附性较强，不愿远离土地。目前安康大多移民区域经济基础薄弱，产业发展项目少，吸纳就业能力低，无法提供足够的就业岗位，移民生活无保障。三是原有的生产生活方式在短时间内难以改变。长期生活在大山里的农民习惯了与人、事、物的交流方式，难以适应社区管理和服务方式。有些农户出现了分户现象，有条件的年轻人搬入社区，老年人仍留在原住地。四是社区管理存在等、靠、看现象。有的干部和基层组织害怕出错，等别人实践和成功了，自己再干，开拓创新精神不强。

（二）存在的主要问题

1. 农村社区管理难度有所增加。一是有些县镇干部对农村社区管理认识不足，重视程度不够，对新型农村社区管理的认识理念和管理内涵比较模糊，存在畏难发愁情绪和等、靠、看思想，工作系统性、统筹性和创造性不够。部分农村社区干部的思想观念和工作方法还没有从原来的村委会工作方式转换到为社区居民服务上来，仍把社区居委会视为一级行政性组织。二是群众对社区的认同感和归属感不强。移民未能从“村上人”真正转化成“社区人”。个人的生活习惯和生活方式一时难以改变，导致公共服务基础设施损坏、丢失、占用等不良现象时有发生。一些居民要求社区为其提供各种服务，而不愿承担社区管理方面的责任，这些因素增加了农村社区管理的难度。

2. 新型农村社区治理机制不健全。一是社会管理机制建设不足。群众搬入新社区居住，而户口、土地在原籍，客观上形成户籍所在地村级组织鞭长莫及，管不好，现居地村组织想管管不到，无法管，形成事实上的“灯下黑”“三不管”；二是搬入新社区后，人心还是一盘散沙，各项社会事业和公共服务难以有效推进，居民的共同愿望和公共需求缺乏可依赖的组织者和代言人；三是离开户籍村，新社区各项组织还没有建立，党员的党组织活动不够正常，党员享有的权利得不到保障，应尽的义务难以履行到位。

3. 农村社区物业管理服务不规范。有的社区组建了物业管理公司，但未按照市场化运作，还是依靠行政方式进行管理和服务。很多扶贫生态移民社区至今未建立物业管理服务部门，社区人居环境有待改善。

4. 农村社区管理队伍建设较滞后。新型农村社区不同于传统的村庄管理，管理内容侧重于社区居民的生活管理和服务。现有管理者的文化程度总体偏低，知识结构有待改善，同时待遇较低，导致积极性不高，缺乏敬业精神和服务意识。

在加强社会管理创新和推进城乡统筹发展的情势下，要尽快建立健全基层社区管理体制机制，探索创新避灾扶贫移民社区管理经验，开拓出一条适合当地移民搬迁社区管理的路径，促进避灾扶贫移民型社区管理持续提升。

三、避灾扶贫移民型社区：基本类型与典型代表

陕南避灾扶贫移民安置点建设打破了自然形成的农民住居格局和村级管理模式，原有的管理模式和实践经验丧失了现实性和操作性。新的社区类型呼唤着新的管理思维和方法，需创新社区管理服务模式。

（一）基本类型

1. “村庄合并型社区”模式

这种模式由一个或几个村合并组成一个新型农村社区，原村民及村级

组织转为社区居民和社区组织。集中安置区人口在1000人以上或户数在300户以上。它的特点主要有：①医疗、教育、文化、卫生相关公共服务设施，服务功能全覆盖。如汉滨区七堰社区建成社区管理办公用房825m^2、居民活动广场2000m^2、社区卫生院735m^2。②农民脱离了对土地的依附，务农已不是主要收入来源。如紫阳县双星社区，主要依靠附近的蒿坪工业园区解决就业；平利县老县镇有企业30余家，规模以上企业15家，能解决老县镇安置点50%以上的劳动力就业问题；紫阳县兴田社区培训社区妇女绣十字绣，以解决社区妇女就业问题。③对公共服务、个人权益保护、物业管理水平要求较高，接近城市社区的管理服务模式。因忙于各自工作，平时交流很少，对社区的认同感不强。

2. “异地新建型社区”模式

由不同的村或镇的搬迁移民安置在同一个安置点，建成新型社区，原村级组织目前仍然保留。人口在500人至1000人或户数在100户至300户。这类社区的特点主要有：①人口来源较为复杂，来自不同村，乃至不同镇的居民；②离开了原居住地、土地和林地，移民基本上摆脱土地依附，多数人外出务工或从事其他工作；③人际关系相对独立。不是以血缘关系建立起的人际关系，需重新建立新的人际交往网络；④享受公共服务的能力和水平比较高。安康目前多数集中安置社区属于此类型，如“白河县裴家社区”“平利县药妇沟社区”等。

3. “村庄拓展型社区”模式

在村庄中建设的移民安置点，主要来自本村村民，人口在500人以下或户数在100户以下。它的特点是：①人际关系简单，安置点人数较少，基础设施和公共服务不能全覆盖；②村委会管理和服务比较方便。村委会对他们比较了解，管理较便利；③离原土地、林地、自留地较近。对不愿意离开土地和原地域的，还可耕种并经营原有的耕地和林地。移民不会感觉到有离开土地的失落感，但脱贫致富能力尚显不足；④农民相对集中居住，城镇化水平较低，存在再次搬迁的风险。如“汉阴县柏杨安置点”“平利县毛坝岭安置点”等。

（二）典型做法

1. 汉滨区七堰社区管理典型做法

1）健全社区管理组织机构

整合原组织资源，建立新的社区组织机构。打破原行政村界限，灵活设置七堰社区的基层党支部和党小组。成立七堰社区居民代表大会，其常设机构为社区居民委员会。居委会下设居民小组，小组下设中心户长和楼院长，与居民代表一起联系到户。成立社区居民民主监督委员会，监督社区党务、政务、财务的决策、执行和落实情况。建立七堰社区服务中心，提高服务水平。建立便民服务站，进行一站式服务。完善社会综合服务机构，包括社区的卫生院、邮政所、电管所、金融网点、环卫所、学校幼儿园、便民超市等。另外，根据产业发展和社区成员构成情况，成立了茶叶专业合作社、蔬菜生产合作社、养猪专业合作社等经济组织，成为社区组织建设的有机组成部分。

2）创新社区管理工作机制

社区党组织是社区各类组织和各项工作的领导核心；社区居委会是居民自治组织，接受社区党组织的领导；社区公共服务中心是社区服务管理专业服务机构，在社区党组织和社区居委会统一领导和管理下开展工作；社区社会组织是社区居民为满足物质文化需求而成立的各类群众组织，接受社区党组织的领导和社区居委会的指导和监督。社区实行网格化管理，按照适度规模合理设置社区居民小组的中心户长和楼院长。

3）完善社区管理服务体系

在七堰社区党总支、居委会和监委会等社区“三委”依法成立的同期，当地镇党委、政府决定设立七堰社区便民服务站，服务站工作人员从镇机关干部抽调担任，主要承担政府延伸到社区的各类社会管理和公共服务工作，与“三委”合署办公，形成七堰社区“三委一站”工作格局。它们工作职责各有侧重又紧密相连。七堰社区服务中心，设有“三委”办公室、党员活动室、警务室、图书阅览室、综合活动室、社区文化健身活动场所，设置社区党务政务公开栏、社区宣传栏。社区便民服务站，实行“一站式”服务[1]。

4）创建社区精神文明

推进社区文化教育服务体系建设，不断提高社区居民素质。制订社区《社规民约》《七堰新型社区管理办法》等规章制度，加强居民的日常养成。倡导文明健康生活方式，自觉维护公共设施，珍惜社区优美环境。加强社区文化建设，有针对性开展文化法律、道德礼仪、实用技能等培训，组织丰富多彩的群众文娱活动，大力营造“和谐睦邻文化”，帮助社区成员尽快适应、融入社区生活，激发社区成员参与社区建设和管理的积极性，增强对社区的认同感、归属感、责任感，不断提升社区凝聚力。

2. 白河县裴家社区管理典型做法

1）加强社区基层组织建设

成立社区党支部，党支部直接隶属镇党委，支部委员会由 3 人组成；成立由 5 人组成的社区居民委员会，在社区党支部领导下工作；成立社区监督委员会，由 3 人组成；成立社区工青妇及民兵连等组织。并按居住区域划分若干个居民小组，选举产生小组长。

2）建立社区居民《居住簿》制度

凡是在社区有住房的居民，由镇政府、派出所和社区居委会联合核发社区居民《居住簿》。凡涉及与房屋和个体人相关的社会事务及民生政策，

[1] 内设综合服务岗、劳保和社会救助服务岗、产业服务岗、维稳协调岗、文体卫生计生服务岗。

由社区居委会负责管理或提供服务；凡涉及搬迁群众的土地、林地、荒地的承包权、经营权、收益权以及附加在土地、林地、荒地的各种补助长期不变，由原户籍所在村村委会负责办理。

3）设立社区物业管理办公室

社区居委会依托兴达公司投资建设小区的市场优势，牵头成立社区物业管理办公室，组建环卫绿化、水电维修、治安巡逻、红白理事、老年儿童服务队，采取有偿服务和无偿服务相结合的方式，实施对社区的各项物业管理。

4）建立健全各种管理制度

社区围绕职能职责建立党支部民主议事制度、党员先进性承诺制度、三会一课制度、党务居务公开制度、党建工作联席会议制度、党风廉政建设制度、居民登记制度、议事制度、民主管理制度、物业管理制度等相关工作制度，并公开上墙，设立公开栏，定期公开党务、居务工作。

5）加强对社区党员的管理

社区党员日常的管理由社区党支部实施，户籍所在地村党支部协助管理。社区党支部与社区党员户籍地村党支部则经常性交流沟通和反馈社区党员履行义务、现实表现等情况。制订社区党员管理考核办法，实行社区党员“双百”量化考核，社区在考核党员过程中要征求党员户籍地党支部意见。考核结果作为评优推荐后备干部培养的重要依据。

四、进一步加强山区避灾扶贫型移民社区管理

避灾扶贫移民安置点社区管理既不同于传统的农村社区，也有别于完全意义的城市社区，它类型复杂，管理模式多样，应根据其特性建立完善陕南避灾扶贫移民搬迁安置点新型农村社区的管理模式，创立与之相适应的社区管理体制和运行机制。课题组提出如下对策建议：

（一）因地制宜，创新避灾扶贫移民安置点管理模式

根据有关城乡社区的设置标准，要严格控制移民安置点的布点数量和规模，科学合理布局服务半径。按照现有移民安置点的类型，应完善三种移民安置点管理模式。一是300户以上或人口1000人以上的移民安置点，按照新型农村社区标准设立，建成“新型农村社区”。每个社区配备专职工作人员7~9人，他们的报酬和办公经费参照城市社区的标准拨付。完善组织机构，形成“一部三会四平台”❶工作格局和“一部三室三站一场”❷管理服务体系。二是100户至300户或人口500人至1000人的移民安置点，不设立为社区，按照社区中的小区进行管理，即“移民安置小区”。它的组织机构，按照“两组一站一亭”（党小组、居民小组和社区服务站、警务亭）设置，每30户或100人左右，设立一个居民小组并建有党小组。它们由所在邻近社区党支部和社区居委会领导和管理，服务站工作人员由邻近社区服务中心工作人员兼任，按每100户居民的比例配备1名工作人员。建设不少于20m^{2}服务用房和适当规模的活动广场。三是100户以下或500人以下的集中安置点，仍由村级组织进行管理，不另设立管理机构，由村委会负责。村党支部、村委会要指定专人负责移民安置点工作。在集中安置点设立新的村民小组，隶属村级组织管理，村民小组长协助村委会管理本安置点的工作。

（二）转变观念，发挥群众参与社区管理的积极性和创造性

新型农村社区建设既是农民生产方式、生活方式的变革，也是各级领导干部领导方式的一场深刻变革。一方面，各级政府部门要有科学的认识，从全局和战略的高度，把新型农村社区放进以新型城镇化为引领“四

❶ 所指为“党支部；居民委员会、监事会、议事会；公共服务平台、居民议事平台、文化娱乐平台、资源共享平台”。

❷ 它指的是：社区党支部、居民委员会办公室、警务室、图书室、社会保障和救助工作站、卫生计生服务站、文体活动指导站、室外活动广场。

化”协调发展的大视野中，跳出农村来认识农村。新型农村社区建设须由政府牵头主导，各方协同推进。另一方面，要强化民心认同。新型农村社区建设和管理的最大制约在于民心是否趋同认可、是否主动接受参与。善于通过多种宣传方式方法提高农民对它的认识，促进思想观念的根本转变；增强主体意识和参与意识，激发自主建设、自主管理新型农村社区的热情，赢得广泛的民心支持。

（三）健全工作机制，实现新型农村社区规范化管理

一是建立科学民主的决策机制。结合社区居民保留现有身份不变、主要生产资料（耕地、林地）仍保留在原村镇的实际，积极探索推行社区党支部行使决策组织权、社区居民大会或居民代表大会行使表决权、居委会行使实施权、群众和上级党组织行使监督权的“四权”决策制度。二是建立规范合理的议事机制。选拔有一定威信的居民代表、党员代表、驻社区站所负责人、外来企业代表等组成社区共建理事会，制订联席会议制度，定期商讨社区重大事项，增强居民参与社区管理的积极性和自觉性。三是建立社区居民《居住簿》机制。形成“见房知人、见人知房、查房知人、查人知住”的家庭人口管理格局。以“人口”为主的事项归社区管理，以“土地”为主的事项归户籍地管理。健全户籍与居住簿有效衔接的人口管理制度，还原户籍的人口登记和管理功能。四是建立社区居民教育培训机制。结合劳动、民政、扶贫等部门对农民的培训任务，注重增强搬迁移民的整体素质。依托新建活动中心和服务中心，充分发挥农村党员干部现代远程教育作用，积极开展劳动力技能、农业技术等培训，不断提高广大移民脱贫致富能力。

（四）构建服务体系，着力提升农村社区服务水平

一是加强服务设施建设。通过新建、改建、开发商提供等方式，使每个社区拥有不少于300m^2的社区综合服务中心。引导各类投资主体到农村

社区兴建幼儿园、敬老院、卫生所等社会性服务设施。二是发展社区服务，构建公共服务体系。将政府公共服务延伸到社区，各相关部门全部进入社区服务中心，逐步实现城乡公共服务均衡化；三是发展农村社区经营性服务体系。按照“谁投入、谁所有、谁受益”的原则，鼓励和支持各类社会组织、企业和个人通过多种方式投入农村社区服务业；四是完善农村社区志愿互助服务体系。成立各类社会求助、群众互助、纠纷调解等志愿性服务组织，帮助各类弱势群体；五是完善社区物业服务体系。物业服务按“谁受益、谁负担”的市场化运作模式进行。宣传引导社区居民树立“自治共管”理念，形成“共建共享”氛围；六是完善党员服务体系，不断拓宽党员联系和服务群众的渠道，丰富服务内容；七是加强公共文化教育服务体系，倡导崇尚科学、尊老爱幼、勤劳致富、邻里和睦、扶贫济困的社会风尚。[1]

（五）提升社区管理，完善社区管理各项规章制度

为确保社区高效运行，应健全完善四项制度：①人员保障制度。按照精干高效的原则，社区坚持一人多岗、一岗多责，实现人才资源效益最大化。社区主要干部在社区便民大厅轮流坐班，节假日全体干部轮流值班。②资金保障制度。参照城市社区的有关标准，执行社区“三委”成员津贴待遇，安排工作经费并列入财政预算。③内部运行制度。结合农村实际和农民办事特点，在社区服务中心办事流程、服务标准等方面健全规章制度，使社区服务规范化。④目标责任制度。普遍实行新型农村社区干部任期目标和年度目标责任制。

（六）提高人员素质，加强农村社区管理队伍建设

一是要加紧培训一批专业的农村社区管理人才，提高社区管理服务质

---

❶ 何得桂．山区避灾移民搬迁政策执行研究：陕南的表述［M］．人民出版社，2016：279.

量；二是尽快配齐社区管理人员，他们要先于搬迁群众进入社区，摸清搬迁群众入住情况，尽快开展工作；三是拓宽社区管理人才选拔范围、提高选拔标准。四是优化农村社区管理人员结构，从大学生村干部中招聘一定数量专职社区工作人员，充实工作队伍。这些人员由基层政府统一管理，人员经费由地方财政解决。五是加强在岗培训，使管理人员的综合素质与时俱进，定期开展培训需求分析调查，创新培训形式和培训内容。

五、提升移民社区治理水平任重道远

大规模避灾扶贫移民搬迁工程是一项复杂的系统工程，加强避灾扶贫移民社区的建设与管理更是一项长期性的艰巨任务。灾害频发的特殊地理环境与集中连片特困地区的双重特性，导致开展避灾扶贫生态移民是“减贫、避灾”的有效路径。推进西部地区避灾扶贫移民型社区建设要立足区域特征和实际情况，探寻一条可持续的发展之路。

未来避灾扶贫移民搬迁工程要进一步做好规划，严格控制移民自建房数量，尽量做到统规统建和上楼安置。进一步提高避灾扶贫移民集中安置率，严格控制分散安置比率，建议集中安置率提高到90%以上；限制100户以下的集中安置点个数，每个镇布点最多不超过3个。“有土安置”不切合当地实际，要加大有业安置力度，促进移民可持续生计。力争每户搬迁户至少有1人在集镇、社区、园区就业。组织好劳务输出和支持搬迁户自主创业。同时鼓励和支持搬迁户外迁，支持农村人口落户城镇。秦巴山区人地关系高度紧张，环境资源承载力有限，建议今后要更多开展跨区域的移民活动，如可尝试将部分农户迁移到西咸新区。支持符合条件的农业转移人口落户城镇，合理安置进城入镇农民及其家属落户规模和节奏。此外，要加大社会保障力度，提高公共服务水平。生态环境脆弱地区的移民搬迁户绝大部分是社会弱势群体，他们在生存环境变迁情势下所面临的社保问题更加突出。要把不同部门的扶贫搬迁资金整合起来，做到应搬尽搬，不留空档和死角。把民政资金和移民搬迁资金结合起来，有效解决“搬富不搬穷、搬青不搬老、搬壮不搬弱、搬能不搬傻”的尴尬局面。

第九章

可持续生计视角下山区移民搬迁问题研究

推进山区避灾型移民搬迁是实现区域均衡发展的重要路径，也是促进城乡一体化发展的重要课题。基于生计可持续发展视角，发现避灾扶贫搬迁后所带来的移民生计资本缺乏、农户生计策略单一、社区经济发展缓慢等问题，并从保护生态、产业支撑、技能培训等方面为促进移民生计可持续发展提出对策。

一、聚焦搬迁户“能致富”问题

推进西部地区避灾扶贫生态移民搬迁是当前和今后一个时期我国加快实现城乡一体化发展的一项重要任务。陕西省 2011 年 5 月 6 日起启动实施的以避灾、生态保护和扶贫为主要目的的陕南地区大规模避灾移民搬迁工程被称为“新中国成立以来最大的移民工程”。它计划用十年时间（2011—2020 年）对陕南 63.54 万户、240 万人进行搬迁，占陕南总户数和总人口的 21.98% 和 26.38%，涉及陕南 3 市（安康、商洛、汉中）28 个县（区），远超过三峡工程的移民规模。陕南移民搬迁工程目前已逐步进入常态化、规范化轨道。但在推进避灾移民搬迁过程中，受搬迁主体能力缺乏、产业支撑缺失、安置点社会发展水平滞后、规划引领不够等因素的综合影响，住入新居的搬迁户在日常经济生活上面临着新的挑战。

从学术研究现状看，国内对移民搬迁工程的研究已有丰富的成果，有的学者专门探讨陕南地区大规模避灾移民搬迁中的社会排斥机制问题❶，

---

❶ 何得桂，党国英. 陕南避灾移民搬迁中的社会排斥机制研究［J］. 社会科学战线，2012（12）：163 - 168.

认为政策、资本、信息等社会排斥因素影响着移民搬迁政策的有效执行。冯明放从移民安置点的科学选择角度提出相应建议❶。有的从失地农民角度分析生计可持续性的必要性并提出提高生计能力的具体措施❷。有学者以社区建设为视角讨论成熟社区的基本形态，强调合作型、自治型社区在社区发展中扮演的重要角色❸。

这些研究具有很大的启发价值，但它们还未充分论及山区避灾型移民搬迁生计资本、生计策略以及生计结果，缺乏对搬迁户现实生活情况和所需所想的关注，针对性和研究深度也有待提高。既有研究的对象和角度比较特定和单一，避灾移民搬迁研究方面仍缺少具体详细的研究资料，深入探讨避灾移民生计问题对完善移民搬迁相关理论和改善实际生计问题有双重作用。本研究正是通过对生计发展相关环节进行考察和评估，借助客观调查数据发现具体方面所存在的问题，探讨解决避灾移民生计发展问题的方法和策略，进而实现生计可持续发展。

二、研究个案及调查基本情况

以 2010 年 7 月 18 日受特大暴雨、泥石流灾害影响最严重的安康市汉滨区大竹园镇七堰社区为主要调研地点，这是“7·18”灾害后按照“整村搬迁、整村安置、建设一个新社区、再造一个新七堰”的指示精神在重建基础上建设的一个农村新型社区。目前一期工程于 2011 年 5 月竣工，88 户群众搬入新居，二期规划 320 套，已开工 206 套，一期排污设施，强电入地等工程建成，基本社区服务实施齐全完备，与 2010 年受灾时的情况相

❶ 冯明放，彭洁．山区生态移民安置点选址的反思与建议——以陕南移民搬迁为例［J］．改革与战略，2012（12）：97－99.

❷ 崔玉玺，张联社．失地农民可持续生计有效途径的研究［J］．安徽农业科学，2013（3）：1297－1298＋1304.

❸ 魏娜．我国城市社区治理模式：发展演变与制度创新［J］．中国人民大学学报，2003（1）：135－140.

比发生巨大变化。

课题组深入移民安置规划区与搬迁农户家中进行结构式访谈或半结构式访谈，并采用发放问卷的调查方法收集原始数据。问卷调查按照每户一份的原则共发放180份，有效回收问卷173份。调研内容主要包括资金来源、移民意愿以及目前生计发展状况等方面，并针对搬迁移民的生活状况和预期运用统计软件进行分析。课题组还收集了大量第一手文献 。在173个有效调查样本中有103个为男性，占调查总人数的59.5%，女性70个，占到总人数的40.46%，年龄分布以31～50岁的村民居多，约占样本人数的52.6%。文化程度上，搬迁居民文化程度整体较低，样本数据显示，初中及以下文化程度人数要占到87.9%，高中及其以上的人数仅占到12.1%。

三、避灾扶贫移民的可持续性问题考察

（一）生态和土地利用情况

陕南山地多、平地少、人地关系紧张的现实状况要求移民搬迁工程必须充分考虑当地实际土地承载力，合理利用现有的土地资源。中国在灾害移民政策法规、理论研究和规划设计方面较为薄弱，陕南地质灾害具有高发、易发特点，要寻找足够多的安全地带仍是个难题❶，进行可持续性建设是搬迁地选址的必然选择。根据地缘特点，新型社区建设按照避洪、避滑、避泥石流、选择高地的“三避一高”避险原则，选址在大竹园镇政府西北约6公里处的蒿坪河上游鳖盖子，远离易松动、垮塌的山体，整体地势较为平坦开阔，较之前山腰或山沟的居住条件有较大改善。有83.2%的搬迁户认为搬迁后居住条件较以前有明显改善，56%搬迁户认为搬迁会对当地耕地资源造成荒废和流失，也有50%住户认为会对周围自然环境也产

❶ 何得桂. 陕南地区大规模避灾移民搬迁的风险及其规避策略［J］. 农业现代化研究，2013（4）：398－402.

生破坏。在搬迁过程中居住条件明显改善的背后仍存在土地资源利用不高以及环境保护不够的漏洞。

（二）移民生计状况

1. 生计资本分析

根据英国国际发展署（DIFD）的可持续生计分析框架，生计资本分为自然资本、物质资本、金融资本、社会资本和人力资本五种类型。搬迁之后受自然灾害影响以及退耕还林政策引导，大部分农户现有耕地不足 1 亩，总体自然资产与受灾搬迁之前相比有明显下降，不具备可进行农业生产的充分资本和条件；从物质资本看，搬迁后按照政府对避灾移民后续安置补贴政策，以及安置房屋规划和建设要求，60% 的农户搬进 $120m^2$ 以上的移民安置房内，相对受灾前依附七堰沟建造的土房有相当大的改善，重要家电配置也较为普及；但生产工具配置显得不足，受灾户在搬迁脱离土地之后，潜在的后续资金和能力等因素对改变生活方式和掌握现代化生产技术有一定影响。搬迁资金来源方面，大部分搬迁户以自身储蓄和借款进行房屋的购买和装修，实际贷款购房人数比例很小，金融资本主要来自自身储蓄情况和借款能力；移民搬迁户大多是从受灾的七堰沟搬出的农户，各家各户关系紧密，互相较为熟知。在社会资本中社会融入方面有较高适应能力，但在与血缘、地缘关系为基础相对的社会各方面人际关系网中缺乏足够经验，依然有较大比例搬迁户参与社会活动的积极性不高。搬迁农户多数人年龄偏向中年段，青壮年劳动力只占总搬迁人数的 40%，而大部分人为小学、初中文化，加上搬迁后生活来源以青壮年打工为主，还有 35.3% 的人依靠搬迁后剩余的土地务农或赋闲在家，整体搬迁人群的人力资本面临挑战和考验，需要很大程度上的能力发展和提高。总之，生计资本作为避灾搬迁农户生计发展的基础，搬迁农户仍需不断增强其充足性和完备性，为生计的长远发展做准备、打基础。

2. 生计策略分析

关于移民搬迁后的生活状况，有9.8%的被调查者认为“很好”，持“基本满意”态度的占57.8%，认为“有些差”的占23.1%，认为处于“贫困”状态有9.2%。可见，大部分搬迁户对目前的生活状况表示满足，但生活质量较差的住户仍占相当大一部分，并且在调查中发现搬迁后就业有困难的住户占到72.8%，整体移民安置区的生活水平还有待提高。从生计策略分析，以打工和务农为主的谋生方式较为单一，加上移民安置点初具规模，基础设施、配套设备正在完善，个体户的经营方式在短时间内难以取得较高收益，移民生计策略问题较为突出。

3. 生计结果分析

从生计结果看，受灾户在移民搬迁后生活状况不甚乐观，生计可持续性面临考验。搬迁前农户日常生活主要靠农耕和青壮年外出打工维持，搬迁后结合新的生计策略，一部分靠种植和养殖取得的收入被迫减少，外出打工成为主要的生计策略，一定程度上将提高农户生活的风险和不稳定性，长远的可持续性收入得不到足够的保障，可持续的生计成为目前搬迁所要解决的主要问题。

（三）社区经济发展状况

72.3%的住户认为交通有明显改善，57%的住户认为搬迁后便于孩子上学，便于看病就医。但是社区产业发展不均衡的现象较突出。以传统的第一产业、第二产业为主的茶叶加工企业，养猪和蔬菜产业势头相对强劲，但服务业的发展还比较缓慢。当地青壮年技能培训以农家乐、果林业为主，现代农业观光产业跟进不足，技术落后，设施不完善，特色产业很难充分发挥出本身具有的价值。不完整的配套发展从长久看来只能是小规模的，不均衡不完善的，一定程度上会影响地区整体的发展方向，阻碍突破原有发展模式的瓶颈。

四、影响避灾扶贫移民可持续生计的原因

（一）生态脆弱的客观因素

陕南地质环境极为脆弱，以滑坡、崩塌、泥石流为主的地质灾害隐患数量多、分布广、密度大、发生频繁、危害严重，相对于以前以山地为主的居住区域，移民新的安置点更要考虑以平原、丘陵为主的适宜和适度安置区，逐渐改变以前分散的居住方式，集中安置，产生聚集效应。而陕南移民安置大多采用就近安置的方式，这种在自然生态条件脆弱区内部开展大规模移民活动本身就有很大可能导致或引发一系列的生态、社会问题❶。在调查中发现，53.8%的人认为移民搬迁会对自然环境产生负面影响，60.1%的人认为在这一过程中，耕地流失会较为严重。移民搬迁工程涉及几代甚至十几代人未来的居住问题，从长远角度看搬迁安置点地质灾害危害程度和土地承载力的评估、生态环境监测就显得尤为重要。

（二）保障不到位的现实因素

大多数移民搬迁户为以前居住在山区的农户，受灾搬迁后以原来靠耕地为主积攒的收入加上政府搬迁补贴维持生活，没有流动性的收入来源，在存款和补贴用光之后易造成搬迁后的次生贫困。政府在进行移民安置时缺乏长远的安置计划，没有进行后续发展生计规划，从长远看，随着安置费用的逐渐减少，失地农民的就业和社会保障问题凸显，失地农民等到钱用光之后才发现自己没有维持生计的能力，给社会稳定留下隐患。

土地补偿制度的具体实践表明在我国社会保障具体政策频繁出台的背后仍存在着保障资金不足、保障水平低以及能力弱等缺陷，政策后续保障

---

❶ 何得桂，李卓．陕南地区大规模避灾移民活动的制约因素与政策建议［J］．前沿，2013（10）：118－120.

和支持性法规跟不上，尤其针对浩大的移民搬迁工程，后备保障措施面临巨大挑战。由于保障涉及范围广、对象多，在政策实施和落实上容易出现偏差和漏洞，保障制度的运行、监督和管理方面长期处于混乱状态，保障措施无法真正发挥其本身的效益和功能，造成资源浪费，易引起再生矛盾。

（三）经济条件不成熟因素

移民搬迁工程在移民搬迁的范围和对象上，涉及地质灾害移民、洪涝灾害移民、生态移民等多种类型，搬迁安置以就近选址安置为主，而大部分新建安置区只停留在安置搬迁户的层面上，从社区发展方面看，移民安置点初具社区规模但缺乏成熟社区所拥有的相对完善的生活服务设施、相对配套的制度、规范和管理体系，短时间内难以形成强大的聚集效应，安置区整体服务水平和发展规模有待提高。山区避灾移民比重大，年轻劳动力外流，基础设施建设周期长，以服务业为主的第三产业的兴起和繁荣面临劳动力不足、资源外流、消费不足等重重挑战，一定程度上影响着当地经济发展水平的提高和搬迁户生活水平的改善。

（四）素质和技能等个人因素

山区受灾搬迁户在失地后丧失谋生技能，其学历低、职业技能差、年龄偏大等不利因素导致在与城市化接轨时再就业能力差。加之城市对劳动力的需求已渐趋饱和，就业竞争压力大，对本身技能较低的山区农户造成更大的挑战。在改变原有以耕种为主的生活方式后，很难寻找一个符合自身能力的工作，同时带来强烈的心理落差，加重对现实生活的无望，导致次生社会融入和发展问题，对可持续生计发展产生严重影响。

五、促进避灾扶贫移民生计可持续发展的路径

（一）科学利用土地资源，保护生态环境

陕南总体生态环境脆弱，若在搬迁过程中规划不当过度开发，会对当

地土地资源、人居环境造成破坏。安置点选址除寻找适宜、适度安置区之外，要结合选择点生态环境，科学评估土地承载力，树立土地资源利用效益最大化、移民利益受损最小化和安置点选择最优化的“三最”思想，同时要对已搬入的移民安置小区整体环境进行充分保护，避免过度开发和污染，保持生态平衡，保证其居住和利用的可持续性。

（二）打造特色产业，促进产业转型

应切实解决好搬迁群众生计问题，加快发展特色产业和现代农业，对他们加强就业培训、政策扶持、创业指导等工作，使移民就业有岗位、创业有门路、增收有渠道、生活有来源。要加大配套设施建设力度，对集中安置区实施科学化管理，确保移民“搬得出、稳得住、能致富”，搬入区产业开发是搬入住户生活改善，实现就业可持续发展的重要途径。根据陕南地形和资源条件，鼓励新建区第二、第三产业积极发展的同时要注重当地种植业、茶园业、特色林果产业等的繁荣，充分高效利用仅存的土地资源，提高特色经济比重，增加经济附加值。

（三）加强技能培训，提高移民素质

避灾移民工程以山区农户为主体，因山区环境较为封闭，与外界交流较少，加之文化教育落后，移民文化素质和基础技能较低，二次贫困的发生更具可能性，加强对移民教育培训，产业技能培训，才能从根本上有效提高其市场竞争力。一方面要在基本素质、思想观念、法律常识、道德行为、务工常识等方面进行培训，另一方面从实际出发，主要针对就业岗位开展技能培训，提高移民对工作岗位的适应能力，提高收入水平。在提高外部市场竞争力的同时也可就当地特色农业经济与科技研究所联合，从专业知识、技术方面提升搬迁农户的素质，为当地经济发展提供智力支持。

（四）进一步完善移民社会保障制度

产业化、城镇化的发展以及未来社区服务的完善会显著促进青壮年人就业，而相对贫困的老年人搬出来后生活问题仍是难题，除依靠年轻子女打工就业赚取的酬劳，社会养老保险金是其维持基本生活的主要来源。在新型农村社会保障尚未实现“全覆盖”的背景下，移民搬迁户将面临更加严峻的社会保障问题。目前我国尚未对移民社会保障及相关制度做出明确规定。在落实农村养老保险制度实行办法的同时根据移民群体中的特殊状况给予特殊支持和帮助，使保障制度更为人性化和科学化，保障移民群体基本生活不受太多影响。

第十章

持续推进移民搬迁面临的新情况与对策建议

在全面打赢脱贫攻坚战的背景之下，大规模移民搬迁尽管取得了显著成效，但是也出现了一些新情况、新问题，需要予以关注。重点要关注移民搬迁遭遇“夹心层”问题与易地扶贫搬迁有效衔接问题，移民搬迁土地利用管理问题显现，安置社区治理和移民生计问题。为此，深化移民搬迁需要采取新的举措。

一、移民搬迁的成效评估

打赢脱贫攻坚战是实现全面建成小康社会目标的重大任务。易地扶贫搬迁是脱贫攻坚的重中之重。2011 年 5 月 6 日正式启动实施的陕南避灾移民搬迁工程是陕西省委、省政府做出的一项重大战略决策，也是一项“功在当代，利在千秋”的惠民工程。在陕南移民搬迁工程实施 5 周年之际，课题组基于对陕南的实地调查和长期跟踪研究，对它取得的基本成效、面临的新情况进行了研判，并提出相应的对策建议。

研究发现：以“避灾减贫”为特色，以“挖险根”和“拔穷根”为主要目标的陕南地区避灾移民搬迁工程完全契合中央精准扶贫、精准脱贫的要求，具有“领跑最先一公里”的特征。它所取得的成效主要有：

（一）实现减灾安居，有效改善生态环境

2011 年 5 月至 2016 年 5 月，陕南山区受灾害威胁的 14.77 万户、46.81 万人彻底远离“灾害源”，与 2010 年相比，陕南三市地质灾害和洪涝灾害伤亡率分别下降80%和70%，走出了长期以来“遭灾—救灾—重建—再遭灾”的困扰。移民搬迁有效减少了对生态的人为扰动，2011—2015

年治理水土流失面积1万多平方公里，完成造林育林600多万亩，森林覆盖率达到61.2%，汉江出境水质保持在2类以上，生物多样性和生态系统恢复明显加快。

（二）促进脱贫致富，有力提升民生质量

2011年以来，陕南三市贫困人口共计减少42万人，脱贫步伐明显加快。通过“一点一策、一户一法”，开展产业扶持、就业培训、社会保障等叠加式套餐扶贫，110万贫困人口“挪穷窝、移穷业、断穷根”。从根本上改变了农民的生产生活方式，让他们居住在有公共服务的环境中，让他们有尊严地劳动，有体面地生活，极大地改善了民生。

（三）加快城镇化步伐，明显推动经济发展

通过坚持集中安置、城镇安置为主，城镇安置率达73.2%，向城镇搬迁安置75.2万人，拉动陕南地区的城镇化率提升8.02个百分点。通过搬迁形成的人口聚集倒逼产业发展、倒逼生产方式转变、倒逼社会治理创新，有力推进了城乡一体化发展。2011—2015年各级政府投入搬迁资金507.14亿元，拉动全社会综合投资超过1000亿元，为陕南地区经济持续健康发展发挥了重要作用。

（四）打造“陕南样本”，政策效应十分突出

陕南移民搬迁受到广泛关注，移民搬迁已经从省级决策上升为国家战略，成为精准扶贫“五个一批”计划的重要组成部分。这是对以陕西省为代表的改革创新和基层实践的充分肯定。与此同时，陕南移民搬迁的“溢出效应”日趋明显，它既是欠发达地区、生态脆弱地区摆脱贫困的“治本之策”，也是改善山区灾害治理和减少贫困的新型方式。五年的实践探索，不仅推动移民搬迁工作进入了常态化、规范化轨道，也为今后持续深入开展工作奠定了坚实的基础。此外，陕南移民搬迁工程所创造出的许多经验对于易地扶贫搬迁具有可复制、可推广的特点。

二、移民搬迁面临的新情况

尽管移民搬迁活动成效明显，但是随着避灾扶贫生态搬迁的深入推进，也出现了一些新情况、新问题，需要予以关注。

（一）移民搬迁遭遇“夹心层”问题

由于被纳入移民搬迁的农户自身经济条件存在较大的差异性，经济条件较好的农户已经陆续迁出，绝对贫困人口大都通过“交钥匙工程”实现搬迁，剩余的待搬迁户自我搬迁能力相对不足。根据避灾移民搬迁总体规划，“十三五”期间，陕南三市还需要搬迁35.36万户、125.98万人，属于扶贫搬迁对象的占陕南贫困人口的近一半，他们绝大多数都是自身发展不足的“夹心层”，自身无法独立承担政策补助之外的搬迁资金，又不符合政府兜底保障的政策要求，是避灾扶贫搬迁中最难啃的“硬骨头”。

（二）与易地扶贫搬迁有效衔接问题

尽管“十三五”期间有75%的陕南移民搬迁对象属于建档立卡贫困人口且已经被纳入到易地扶贫搬迁的范畴，但是由于指标的限制，还有约25%的待搬迁对象无法被列入易地扶贫搬迁范围。同时，在帮扶力度和政策支持上，易地扶贫搬迁政策比陕南移民搬迁政策更为优惠，特别是补助政策的衔接一时难以到位，导致不少陕南移民搬迁对象等待观望心态较为严重。

（三）移民搬迁土地利用管理问题显现

一是由于陕南山多地少，移民搬迁安置是在陕南地区内部开展以及农村土地经营权确权颁证的实施，导致集中安置点的选址越发困难。二是征地矛盾突出。一方面要严格控制建房成本，相应就要尽量降低土地等费用；另一方面征地价格过低群众不愿意，补助高了政府又拿不出。三是旧宅腾退复垦难度大。由于新宅基地证没有办理到位、旧房腾退成本大、搬迁户老年人故土难离和农忙季节回原住地进行农业生产等，群众腾退的积极性不高。同时由于腾退费用未落实和腾退安全缺乏有效保障，腾退工作整体处于宣传动员和自主腾退的层面，工作进展缓慢。

（四）安置社区治理和移民生计问题

搬迁群众融入迁入地是复杂的、渐进的社会转变过程，社区管理难度较大。一些社区管理工作没有落到实处，公共服务和社会管理缺失，不能完全满足搬迁群众基本需求。随着居住地与户籍地的分离，养老保险、民政救助、城乡低保、新农合、环境卫生、社会治安、退耕还林、劳动就业保障、计划生育、种粮补贴、土地林地确权登记、承包留转及征用、村集体经济收益等公共事务处理还有待积极探索。此外，少数搬迁群众就业技能有限，就业机会偏少；有的地方对搬迁群众有业安置不够充分，抓搬迁群众就业增收措施不力，加之生活成本上升，群众生活压力加大。

三、深化移民搬迁的对策建议

（一）要与易地扶贫搬迁有机衔接

“十三五”时期，深入推进陕南移民搬迁工程一方面要持之以恒，继续围绕脱贫攻坚的总体要求，确保移民搬迁政策的稳定性和搬迁工作的延续性，另一方面要坚持改革创新，进一步做好与易地扶贫搬迁政策在搬迁补助资金、安置方式和安置规模等方面的有机衔接和良性互动。建议省政府尽快组织好易地搬迁规划的编制工作，统一整合陕南移民搬迁及易地扶贫搬迁等相关项目资金，积极争取更多的政策倾斜，提高建房补助标准，让更多经济条件有限的搬迁户能够“搬得起”。要突出抓好危居贫困群众搬迁，进一步加大贫困户搬迁力度，精准实施搬迁；多措并举，激发贫困群众脱贫内生动力，力争 2017 年全面完成贫困户搬迁安置任务。

（二）调整搬迁模式与拓展搬迁空间相结合

建议省政府考虑在安置点的规模和大点建设进度上适当调整，更加注重因地制宜并结合镇村改革的实际，采取集中连片安置为主，相对集中、零散插花安置为辅的移民搬迁安置模式，合理允许一些镇村建设符合需要的小型集中安置点。同时要改变陕南移民搬迁在县域、镇域范畴内就近移民搬迁的做法，基于环境资源承载力减轻和南水北调中线工程水源地保护等方面的考虑，建议在更广阔的空间统筹开展集中安置点的布局，推动跨地区乃至跨省域的“外部支持型”移民搬迁。例如，可借助利用西咸新区的发展，吸纳10万~20万的陕南移民对象。

（三）创新移民社区治理，确保“稳得住”

一手抓移民搬迁，一手抓基层治理。实施移民搬迁不仅要改善群众的居住条件，更重要的是让农民享受到和城市居民同样的公共服务设施，转变群众生产生活方式。一是要高度重视移民安置社区管理，加快健全社区的组织机构。建议民政部门对1000户以下安置点并入临近村社区管理，1000户以上安置点设立独立社区。二是更加重视社会治理创新，保障搬迁群众合法权益。减少和避免基层政府对移民社区的不当干预。三是稳步探索实行移民搬迁社区物业化管理。四是通过社区综合服务中心等载体提供优质公共服务，开展“新农民、新技能、新风尚”教育培训，提高搬迁群众幸福感。

（四）在用地科学管理中化解土地瓶颈

坚持节约集约用地与支持外迁的政策，破解土地承载能力不足问题。既要鼓励集中安置、上楼安置，也要探索和推动跨区域移民搬迁。严格控制移民搬迁用地面积与集约利用闲置土地相结合。积极探索建立土地银行，收储和经营闲置土地，加大造地力度，扩大增量土地。制订切实可行的旧宅腾退操作办法，明确实施主体，可以采取拆旧补偿、以证换证、限期自弃等多种办法[1]确保搬迁群众及时腾退旧宅并复垦，切实做到搬得出、稳得住、不回迁。

（五）围绕“能致富”，大力发展产业

在改善群众生活环境的同时，要更加注重培育后续产业。整合产业扶持政策，进一步加大产业扶持力度，引导搬迁户转变生产经营方式，积极发展种养、加工、商贸、运输、旅游等产业。一是在增加就业、增加收入上下功夫，协同推进移民搬迁与城镇化、工业化、农业现代化的发展；二是在面上拓宽群众增收的渠道，在点上大力推进“一区一策、一户一法”；三是鼓励建立移民搬迁户就业创业平台，引导群众宜商则商、宜农则农，加快脱贫步伐。通过就业培训、创业指导、政策扶持等，让每一个搬迁户有一人从事第二、第三产业或有一个稳定的就业门路，真正实现“就业有岗位、创业有门路、增收有渠道、生活有来源”。[2]

---

[1] “拆旧补偿”就是通过从土地增减挂钩新增收益中安排一定资金，设立移民搬迁拆旧奖励专项资金，按照每户6000～14000元的标准，用于移民搬迁拆房退宅以奖代补，激励搬迁户拆房退宅；“以证换证”指的是要加快搬迁户新居宅基地证和房权证办证步伐，实行用迁出地宅基证换取迁入地宅基证和房权证，促进搬迁户住新拆旧；“限期自弃”即允许搬迁户原宅继续保留，过渡3年后，过渡期满责成自行放弃。

[2] 何得桂．山区避灾移民搬迁政策执行研究：陕南的表述［M］．人民出版社，2016：281．

第十一章

脱贫攻坚进程中的移民搬迁精神

移民搬迁是治理贫困的有效实现形式之一。陕西在移民搬迁中铸造了宝贵的“移民搬迁精神”：敢为人先、自觉创新、坚韧不拔、久久为功。如果从不同侧面总结移民搬迁精神，可以概括为：敢为人先的担当精神，自觉创新的探索精神，坚韧不拔的拼搏精神，久久为功的实干精神。移民搬迁精神是陕西精神的重要组成部分和体现，也是全面打赢脱贫攻坚战，特别是进一步扎实做好移民（脱贫）搬迁工作的重要指南。要与时俱进，真抓实干，在开拓移民搬迁脱贫新境界中丰富移民搬迁精神内涵，为打赢脱贫攻坚战做出更多贡献。

一、精准扶贫思想的生动实践孕育伟大的移民搬迁精神

移民搬迁是我国脱贫攻坚进程中的“头号工程”和重要着力点，也是推进中央“五个一批”精准扶贫、精准脱贫工程中最难啃的“硬骨头”。习近平总书记2016年7月19日在宁夏回族自治区永宁县闽宁镇原隆移民村考察时指出，“移民搬迁是脱贫攻坚的一种有效方式。要总结推广典型经验，把移民搬迁脱贫工作做好。”在此情境下，有必要进一步讲好移民搬迁“陕西故事”，发出移民搬迁“陕西声音”。本章将对陕西所铸造出宝贵的移民搬迁精神进行专门论述。

作为全国移民（脱贫）搬迁工作的决策地和发源地，陕西于2011年就正式启动实施规模浩大的陕南地区避灾移民搬迁工程、陕北白于山区扶贫移民搬迁工程并持续至今，前者搬迁规模达60万户、240万人，后者涉及迁移人数约40万人。2014年涉及约100万搬迁对象的关中秦岭北麓和渭北旱塬地区移民搬迁工程也启动实施。至此，有计划、有组织的移民搬迁工程已覆盖到陕西三大区域，备受瞩目。

陕西移民搬迁以“四个全面”“五大发展理论”为统领，抛弃简单复

制农村的理念，坚持集中安置为主，以地灾户、洪灾户、采煤塌陷户、贫困户搬迁为重点，核心是追求“以搬促变”，推动移民搬迁与“三农”工作互促互赢。通过多年的积极探索和认真实践，陕西移民搬迁工程累计搬迁49.6万户、174.7万人。移民搬迁发挥了改善民生、保护环境、促进发展、提升治理的综合效应，也起到良好的溢出效应。陕西移民搬迁脱贫工作成绩，既赢得人民群众的支持和认可，也得到中央和社会各界的高度肯定。“搬得出、稳得住、能致富”目标基本达成，移民搬迁“陕西样本”成为全国脱贫攻坚的一面旗帜。

伟大实践孕育伟大精神。在书写移民搬迁增进民生福祉和改善生态环境等方面“陕西故事”的同时，也创造出移民搬迁脱贫工作“陕西奇迹”，形成极其宝贵“移民搬迁精神”。2016年5月19日，陕西省人民政府省长胡和平在全省移民（脱贫）搬迁电视电话会议讲话中高屋建瓴地明确提出“敢为人先、自觉创新、坚韧不拔、久久为功”的移民搬迁精神。

二、陕西移民搬迁精神具有丰富而深刻的思想内涵

移民搬迁精神是陕西省委、省政府历届班子一张蓝图绘到底，咬定青山不放松，一任接着一任干，一锤接着一锤敲的重要展现，也是公共部门以民为本、为民情怀、预防式治理、科学决策的集中反映和智慧结晶，更是移民搬迁工作者、基层组织、广大群众和社会力量协同配合、艰苦奋斗、持续提升的重要成果。如果从不同侧面总结陕西移民搬迁精神，可以概括为：敢为人先的担当精神，自觉创新的探索精神，坚韧不拔的拼搏精神，久久为功的实干精神的有机综合体。

（一）敢为人先的担当精神

敢为人先的担当精神是移民搬迁精神产生的基点和重要前提。移民搬迁既集中体现了陕西省委、省政府的为民情怀，又充分体现了历届陕西省

委、省政府领导班子以民为本的责任与担当。长期以来，灾害频发、生态脆弱与贫困较深是制约陕西发展的重要因素。特别是陕南地区集自然灾害多发区、南水北调主要水源地、秦巴山集中连片特困地区于一体，灾害、生态与贫困问题更为突出。陕南地区 2001—2010 年因灾死亡或失踪超过 590 人，直接经济损失 460 多亿元。基于对自然灾害、贫困程度、生态环境等多方面的综合判断，在没有成熟的理论可供指导和成功的经验可供借鉴的情势下，时任陕西省省委和省政府主要领导的赵乐际、赵正永等同志勇于探索、不怕困难、敢于担当，把反贫困、移民搬迁的责任主动扛在肩上，及时做出实施移民搬迁工程的重大决策、科学决策。2010 年 7 月 22 日至 23 日，时任陕西省省委书记的赵乐际在安康检查指导防汛救灾工作时，思考、酝酿提出用 10 年时间对陕南三市居住在危险地段、生产生活困难的群众实施移民搬迁。拿出“敢教日月换新天”的勇气，向灾害风险和贫困问题全面宣战，陕西把为百姓谋福祉作为党和政府的最大责任。

陕西注重责任担当，构建大移民搬迁格局，高位推进移民搬迁脱贫工作。按照“四化同步”“五个扎实”的要求，把移民搬迁作为一项重大民生工程、发展工程和生态工程。陕西移民搬迁工程无论是规模，还是力度，也无论是类型，还是广度，都是史无前例的。2011 年 5 月 6 日正式启动实施的陕南地区避灾移民搬迁工程是新中国成立以来最大规模的移民工程，以“挖险根”与“拔穷根”为主要目的，以“搬得出、稳得住、能致富”为主要目标，搬迁的类型则涉及地质灾害搬迁、洪涝灾害搬迁、生态移民搬迁、扶贫移民搬迁、工程移民搬迁等。开展移民搬迁，必然有各种各样的困难，难免有一些的矛盾，这就需要领导者、组织者有强烈的责任感、使命感和担当意识。

作为省级层面的重大移民搬迁工程，陕西移民搬迁工程具有启动时间最早、预防式治理等方面的显著特征。从全国范围来看，无论是陕北白于山区扶贫移民搬迁，还是陕南地区避灾移民搬迁，都是集中连片特困地区移民搬迁的“开山之作”，起着引领作用。特别是统筹解决群众避灾减贫、生态环境保护、农村就近城镇化的陕南移民搬迁，使近百万山区群众已彻底摆脱了“受灾—贫困—扶贫—再受灾—再贫困—再扶贫”的恶性循环，成为中央脱贫攻坚“易地搬迁一批”工程重要策源地。现代政府管理的目的是“使用少量的钱预防，而不是花大量的钱治疗。”兼具避灾、减贫、生态等多维目标的移民搬迁工程不是被动型的治理举措，而是主动型、预防式的治理路径。有计划、有组织、前瞻性地将居住在自然灾害隐患区和偏远山区的民众迁移到远离灾害风险、交通便捷和公共服务可及性的移民安置点，是政府职能主动转型、积极作为的重要体现。这是预防式治理理论的生动实践，也是预防式治理的脱贫典范。主要决策者在移民搬迁决策中敢为人先的担当精神得以淋漓尽致的展现。

（二）自觉创新的探索精神

自觉创新的探索精神是移民搬迁精神的灵魂和关键所在。创新主体成效的不同取决于创新自觉程度的不同。涉及迁移人口约 400 万的陕西移民搬迁工程要直面“人往哪里去？土地怎么办？资金从哪里来？”等一系列难题。与其他地方移民搬迁相比，陕西移民搬迁工程之所以成功，闯出一条经济欠发达地区做好移民搬迁脱贫工作、加快摆脱贫困的有效路径，正是因为其创新自觉程度超出一般水平。

在推进移民（脱贫）搬迁过程中，陕西坚持顶层设计、系统谋划和统筹兼顾相结合，坚持高起点规划，及时处理好各方面关系，为实现跨越式发展奠定良好基础。例如，移民搬迁安置点选址以“四避开”（避开地质灾害易发区、避开水涝低洼地、避开生态保护区和避开永久基本农田）“三靠近”（靠近城镇、靠近中心村和靠近园区景区）为原则，安置方式以集中安置为主、不再简单复制农村，50% 户以上的集中安置点都进入了城镇规划区。城镇化发展的普遍规律是先工业化再城镇化，依靠产业发展来聚集人口。陕西移民搬迁聚集的大量人口也给当地就近城镇化之路开辟了特殊且难得的发展机遇，移民搬迁倒逼城镇化发展。通过移民搬迁先聚集人口、形成规模，然后再通过城镇化带来的系统性变革以反哺产业发展。截至2015年年底，仅陕南移民搬迁工程的开展就直接带动近70万搬迁群众进城入镇，陕南城镇化率由此提高7.2%。这实现了城乡差距进一步缩小的目标，也为新型城镇化发展提供“移民搬迁式就近城镇化”的新方式。

陕西大规模移民搬迁工程形成发展的历程是一个不断超越既有理论和实践的过程，是一个不断提出新见解、开拓新领域、创造新事物的过程。为破解移民搬迁资金难题，陕西坚持发挥政府作用和市场力量、社会作用的相互协同。譬如，陕西省为拓宽陕南避灾移民搬迁安置工程的融资渠道，由陕西省财政厅和陕西有色金属控股集团有限责任公司分别出资10亿元和20亿元，共同组建了具有国有企业性质的陕西陕南移民搬迁工程有限公司。在省移民搬迁安置领导小组的指导协调下，这家企业按照“封闭运行、快速周转、保本微利”的运作模式，筹措数十亿元用于陕南移民搬迁项目启动和资金周转。在国内移民搬迁领域，这种做法无疑属于一种创新模式。同时，陕西还对30多个部门的40多项与移民搬迁相关的专项资金进行整合，既减少项目分头安排、资金分散使用所带来的重复浪费现象，又解决了移民搬迁筹资难题。此外，陕西还鼓励社会资本参与移民搬迁安置。

与其他很多地方开展的单一型移民搬迁相比，陕西的移民搬迁是以民生为本的综合型移民搬迁。通过创新搬迁新模式，采取“靠城、靠镇、靠园区”和“进城、入镇、住社区”的集中安置政策，推进移民搬迁安置房与保障性住房相结合，有的地方探索建设集移民搬迁、特困户交钥匙工程、区域敬老院“一区三制”多功能安置社区。这既有力破解了资金困局和搬迁群众“搬得出、稳得住、能致富”的难题，而且还催生了一大批公共服务均等化的新型移民安置社区。陕西移民搬迁实现了“四达到”的要求，即达到房产能升值、达到增收有保障、达到基础配套强、达到公共服务好。这些方式不照搬别人模式，完全是公共部门和人民群众的自主创造、自主创新，具有鲜明的实践和区域特色。

陕西移民搬迁体现了广大干部群众勤奋开拓的淳厚风气，具有积极探索、大胆创新、自觉服务、主动引领等显著特征，在一系列创新性制度安排和行政行为的有力推动下，陕西移民搬迁工程不仅得以持续有效推进，实现移民搬迁以点带面的突破以及向全省、全国的复制推广，还探索出了“移民搬迁建社区、土地流转建园区、就地就业变工人、农民培训变居民”的移民搬迁安置的示范道路。在改革创新中，充分尊重人民首创精神，如创新移民社区治理中的“搬出地管理地和林、迁入地管理人和房”的做法，促进搬迁群众增收的“一区一策、一户一法”举措。通过自觉创新，陕西移民搬迁取得了群众满意、社会认可、国家支持、生态良好等预期成效，也为全国提供了成功范例。

（三）坚韧不拔的拼搏精神

坚韧不拔的拼搏精神是陕西移民搬迁精神的重要组成部分，也是形成移民搬迁精神的重要保障。陕西省委、省政府把移民搬迁工程作为解决集中连片特困区、自然灾害易发区、生态功能保护区“三区叠加”地区发展的重要抓手，坚持系统化推进、预防式治理、一次性解决灾害胁迫和贫困束缚的办法和思路，无疑具有战略性、前瞻性。

然而，移民搬迁工程是脱贫攻坚的难中之难，如何把上述的先进理念和好做法“因地制宜地、分类指导”予以贯彻并非容易。作为区域性的重大民生工程、生态工程和发展工程，陕西大规模移民搬迁工程事实上面临着土地资源制约、资金缺口巨大、产业发展滞后等结构性制约难题。移民（脱贫）搬迁工作困难重重，但陕西信念坚定，意志顽强，在摸着石头过河的探索中寻求破解之道。不仅鼓起“不破楼兰终不还”的劲头，还秉持“蚂蚁啃骨头”的精神，把这项惠及民生的大工程进行到底。无论是决策者、组织者，还是实践者、参与者，以对移民搬迁高度的责任感，时不我待的紧迫感，以坚韧不拔、奋发向上的精神状态化解移民搬迁中的一道道难题。

为破解移民搬迁用地问题，陕西2013年11月29日争取到国家层面的政策支持，即国土资源部《关于支持陕西省陕南地区生态扶贫避灾移民搬迁有关政策实施的函》(国土资源函［2013］837号)。这不仅能促进解决陕南移民搬迁用地问题，还能筹措到一定的建设资金。同时陆续出台《进一步做好陕南陕北地区移民搬迁安置工作的通知》《陕西省移民搬迁安置税费优惠政策》等诸多政策，通过推进搬迁户旧宅基地腾退复垦及多次提高移民搬迁购房补助标准等方式，有效减轻移民搬迁对象经济负担，确保“搬得出”。

为解决移民搬迁资金难题，陕西广开资金渠道，用足用活各项扶持政策。允许陕南三市在实施移民搬迁中，可分别将其中500亩土地指标，按照相关规定进行融资，以解决部分资金难题。从2013年起，陕西还把各地移民搬迁资金落实和建设进度情况列入年度目标责任考核，并实行一票否决。除积极引导民间资本参与搬迁之外，还争取到国家专项财政支持，财政部给予陕南避灾扶贫生态移民搬迁财政支持，2013—2015年支持40亿元，2016—2018年支持36亿元。

推进移民（脱贫）搬迁，“搬得出”只是手段，“稳得住、能致富”才是目的。为此，陕西统筹发挥好群众主体、政府主导和社会帮扶的作用。例如，为确保“稳得住”，把强化管理服务作为重要保障。2013年上半年，庄长兴副省长主持召开多次陕南移民搬迁配套设施建设对接会，组织18个省级部门与陕南28县区逐县对接2011—2013年移民搬迁集中安置点配套建设项目。积极顺应人口居住空间变化，同步调整优化公共管理和社会治理体系，创新移民安置社区治理。积极推进全方位保障移民搬迁户的权益。各地在移民搬迁中充分发扬民主，做到搬迁前农民自愿、搬迁过程中农民参与、搬迁之后农民满意。采用“一证变两证”“两权变三权”以及“原籍管理林和地、社区管理房和人”等做法，充分保障搬迁户在原集体的耕地、林地承包权以及在迁入地的教育、医疗等社会保障权利，增强群众的归属感。

把发展特色产业作为移民搬迁工程的核心支撑，多渠道增加搬迁群众的经济收入，确保“能致富”。陕西移民搬迁中各地立足区域实际，按照“一县一业”“一村一品”要求，大力发展特色产业，配套建设产业园区和基地，引导搬迁群众就地就近就业。积极鼓励大众创业、万众创新，引导和组织搬迁群众用好用足“双创”“互联网+”等扶持政策，激发脱贫内生动力。通过设立产业扶持基金、农民创业基金、强化致富技能培训等多种方式，加快催生一批致富带头人，兴办一批特色产业项目，扶持搬迁群众开展自主创业，增强自我发展能力。

2011 年以来，陕西各级政府部门认真贯彻省决策部署，精心组织、科学规划，加快实施，持续提升，从人、财、物、技术、信息等力量上给予重点保障，移民搬迁工作努力克服任务、时间、用地和资金上的巨大压力，确保既定目标任务顺利实现、高质量达成。通过统筹规划建设、统筹政策资金、统筹管理创新，把移民搬迁与提高城镇化发展质量、提升农村公共服务水平、创造农民新的生产生活方式等方面结合起来，促进了人口聚集、资源集中、要素聚合，协同推进、相互带动产生了“共振效益”和“聚集效应”，从而实现资金投入集约化、移民搬迁效率最大化和城乡公共服务均衡化。

（四）久久为功的实干精神

久久为功的实干精神、奉献精神是移民搬迁精神得以稳健发展、巩固提升和复制推广的核心。以陕南移民搬迁为发端，陕西省先后启动了陕北白于山区、关中、秦岭北麓三个板块的移民搬迁，在这期间，陕西省委、省政府的主要领导发生了多次正常变动，但移民搬迁工程始终高位推动、持续推进。各级领导干部树立战略眼光、不贪一时之功，“咬定青山不放松”，一锤接着一锤敲，破除搞面子工程、形象工程等短期行为的现象，移民搬迁之路越走越好。

陕西省委、省政府把搬迁工作置于发展全局的高度进行系统谋划并认真组织实施。构建和完善移民（脱贫）搬迁工作责任体系。目前已形成“省负总责、部门配合、市级统筹、县抓实施”的推进机制，形成一级抓一级、层层抓落实的组织领导体制。扶贫、国土、发改、财政、住建、农业、林业等部门和有关单位密切协同，牢固树立“一盘棋”的思想，在分工负责和加强协作中已形成“上下联动、左右协同”抓推进、抓质量的工作合力。完善激励机制，多次评选表彰移民搬迁先进单位和个人；健全移民搬迁监督考核机制，加强督导检查。

每一届领导班子对移民搬迁脱贫工作的重视程度不仅没有减弱，而且还在不断巩固和加强；政策措施不仅没有减少，还在不断巩固和完善。他们都本着谋长远、打基础的理念，用“功成不必在我”的胸襟持之以恒把这项“功在当代、利在千秋”的工程干实、干好、干响。陕西省委、省政府高度重视移民（脱贫）搬迁工作，主要领导和分管领导多次做出重要指示，亲自调研指导和现场办公。譬如，2012 年 2 月 3 日，时任省委书记的赵乐际在全省扶贫开发工作会议上讲话指出，要举全省之力、集全民之智，突破重点、扎实推进，加快连片特困地区脱贫攻坚，做好避灾扶贫生态移民搬迁等工作。2013 年 5 月 2 日，时任省委书记的赵正永到陕西陕南移民搬迁工程有限公司调研时指出，要坚定信心、坚持标准，一张蓝图干到底，持之以恒推进移民搬迁，使更多农民群众分享到城镇化带来的好处。2016 年 5 月 6 日，省委书记娄勤俭在主持召开全省移民搬迁工作专题会议上强调，以扶贫为主的移民搬迁是打赢脱贫攻坚战，实现同步够格全面建成小康社会，推动全省经济社会全面发展的重要举措，要切实把这件造福当下、惠及子孙的大事办实办好。2016 年 5 月 19 日，胡和平省长在主持召开全省移民（脱贫）搬迁工作电视电话会议上强调，切实把思想和行动统一到省委、省政府的决策部署上来，坚定不移把移民（脱贫）搬迁工作抓紧抓好。

陕西省委、省政府新形势下做出以扶贫为主、同步统筹推进避灾、生态等搬迁这一决策，全面实施易地搬迁脱贫工作，要求陕南加力推进、陕北加快推动、关中高点起步。这集中体现了对人民群众高度负责、对发展全局的深谋远虑。当前，陕西移民搬迁脱贫工作的目标、思路、举措都已非常明确，只要认真贯彻落实战略部署“扣扣子”、责任履行“担担子”、工作落实“钉钉子”的精神，一张蓝图干到底、不达目的不罢休，必将继续为全国移民搬迁脱贫工作提供可信可行、可学可用、可复制可推广的“陕西经验”。

三、在开拓移民搬迁脱贫新境界中丰富移民搬迁精神内涵

伟大精神引领着光荣事业。移民搬迁精神是陕西精神的重要组成部分，也是陕西全面打赢脱贫攻坚战，特别是进一步扎实做好移民（脱贫）搬迁工作的重要指南。随着移民搬迁脱贫实践的持续深入开展，移民搬迁精神的内涵将变得更加丰富。深入推进移民（脱贫）搬迁，应全面弘扬移民搬迁精神，与时俱进、真抓实干，让移民搬迁精神在脱贫攻坚进程中发扬光大。把思想行动切实统一到中央、省委决策部署上来，把责任牢牢扛在肩上、任务紧紧抓在手上，扑下身子切实为搬迁群众解难题、办实事，帮助他们早日摆脱贫困、安居乐业。

在新的起点上进一步丰富移民搬迁精神内涵。2016 年 5 月 6 日陕西省

委、省政府在全面总结陕南移民搬迁成功经验基础上，进一步创新思路，做出以扶贫搬迁为主、同步统筹推进避灾、生态和其他类型搬迁这一重要决策，进一步理顺工作体制和机制，移民（脱贫）搬迁工作迈进新的发展阶段。新起点的移民搬迁，要秉持预防式治理的理念和做法，立足当前“挪穷窝”“挖险根”，实现安居乐业，也要倡导前瞻性治理的思维和举措，着眼长远谋全局，促同步，实现脱贫攻坚、新型城镇化、城乡统筹、美丽乡村建设和生态文明建设一举多赢。要全面认真贯彻落实“五个扎实”的重要要求，紧扣“搬得出、稳得住、能致富”的根本要求，不忘初心，持久用力，继续前进，持续创新，全面提升移民（脱贫）搬迁工作水平，不断开拓移民（脱贫）搬迁新境界，持续打造移民（脱贫）搬迁“新标杆”。进一步丰富移民（脱贫）搬迁精神内涵，大力宣传移民搬迁精神，为陕西打赢脱贫攻坚战，实现追赶超越和全面建成小康社会做出最大努力和更多贡献！

第十二章

农民对精准扶贫政策的认知、需求及评价

我国减贫政策成效显著，农民总体比较满意，但还有较大提升空间；农民对基础设施类的扶贫项目需求最为旺盛，追求平均的思想较为严重，这对精准扶贫政策如何处理效率与公平问题提出了挑战；农户的个体特征及家庭特征对于其扶贫政策认知、态度及评价都具有显著性影响，贫困农户对扶贫政策的认知及评价较非贫困农户高。国家在推行脱贫攻坚中要以“目标需求”为导向，以农户的关注、需求、满意度为标准，针对不同农户的个体及家庭特征，制订不同的扶贫策略和项目。

一、精准扶贫专题调查基本情况

党的十八大以来，我国的扶贫开发工作取得了举世瞩目的成就。但是减贫政策的直接受益者——农民，对国家精准扶贫政策了解、关注、需要、满意程度，还鲜有大样本的数据调查。在西北农林科技大学团委的大力支持下，近1000名师生深入全国28个省（直辖市、自治区）的800个村庄，对5000多家农户进行关于精准扶贫政策的专题调查。本次调查涉及5331位农户，分布于全国28个省（市）的800个村庄，具有较好的代表性。

关于本次调查样本的基本情况主要有：从区域分布来看，东部、中部、西部地区农户分别为10.50%、20.10%和69.40%；从性别来看，男性占比为63.01%，女性占比为36.99%；从年龄层次来看，30岁以下、31~40岁、41~50岁、51~60岁、60岁以上农户分别为19.50%、19.65%、30.75%、16.75%和13.34%；从职业分布上看，务农农户占比为40.79%，务工农户占比为28.94%，经商农户占比为9.26%，乡村教师占比为7.20%，农村管理者占比为5.69%，其他职业农户占比为8.12%；从农户家庭人均收入来看，1600以下、1600~2300元、2300~3000元、

3000～3700元以及3700元以上农户的占比分别为26%、28.94%、9.26%、7.20%、5.69%及37.69%；从收入来源来看，种植业、养殖业、外出务工、小本生意及其他来源的占比分别为37.69%、7.11%、34.85%、9.73%和10.62%；从贫困户占比来看，有41.25%的受访者被评为贫困户，在这其中又有58.53%被建档立卡。

表12－1 数据基本统计特征描述

指标	区域			性别		年龄（岁）				
	东部	中部	西部	男	女	≤30	31～40岁	41～50岁	51～60岁	>60
%	10.50	20.10	69.40	63.01	36.99	19.50	19.65	30.75	16.75	13.34

指标	学历					主要职业					
	文盲	小学	初中	高中	大专及以上	以务农为主	以务工为主	个体工商户	乡村教师	农村管理者	其他
%	13.64	27.93	32.66	14.56	11.21	40.79	28.94	9.26	7.20	5.69	8.12

指标	家庭人均收入（元）					收入主要来源				
	≤160～0	1600～2300	2300～3000	3000～3700	>3700	种植业	养殖业	外出务工	小本生意	其他
%	26.00	28.94	9.26	7.20	5.69	37.69	7.11	34.85	9.73	10.62

指标	是否贫困户		是否建档立卡	
	是	否	是	否
%	41.25	58.75	58.53	41.47

指标	致贫原因[1]								
	缺少脱贫门路	因学致贫	因婚致贫	因病致贫	自然条件差	缺乏劳动力	因赡养致贫	因灾致贫	其他
%	41.79	41.76	24.39	24.37	23.73	15.46	11.69	5.51	1.88

二、农户对扶贫政策的知晓率

课题组从农户对《中共中央、国务院关于打赢脱贫攻坚战的决定》

[1] 本题为多项选择题（限选3项），响应数大于样本数，课题组采取响应数除以总样本数的计算方法，故各项占比数之和大于100%。

（以下简称《决定》）、国家2016～2020年的扶贫目标、各类扶贫政策、当地政府扶贫项目、异地扶贫搬迁政策五个角度考察农户对扶贫政策的知晓率。

（一）对《决定》的知晓率

1. 超过半数农户对《决定》持不知晓态度

调查数据显示，在5331个农户有效样本中，有43.46%的农户表示听说过或了解《决定》及其内容，有56.54%的农户未听说过《决定》。

表12－2　受访农户对《决定》的知晓率　（单位：个，%）

对《决定》的知晓率	样本	占比
知道	2317	43.46
不知道	3014	56.54
合计	5331	100.00

有效样本：5331；缺失值：0。

2. 男性知晓《决定》的比例比女性高

对不同性别的受访者关于《决定》的知晓率进行交叉分析发现，其卡方检验值为0.000，远远低于0.05的显著性水平，说明不同性别的受访者对《决定》的知晓率具有显著性差异。具体从数据来看，男性受访者表示知道的比例为45.28%，高于女性39.90%的比例，说明男性知晓《决定》的比例比女性高。

表12－3　性别与对《决定》的知晓率　（单位：个，%）

对《决定》的知晓率	知道	不知道	合计
男性	45.28	54.72	100（3253）
女性	39.90	60.10	100（1910）

有效样本：5163；缺失值：168；卡方值：0.000。

3. 老年人知晓《决定》的比例较低

从不同年龄层次的受访者对《决定》的知晓率来看，交叉分析得出的P值为0.012，低于0.05的显著性水平，说明年龄对于受访者的知晓率具有显著性影响。31 岁至 40 岁的受访者知晓率最高，达 47.41%；41 岁至 50 岁及 51 至 60 岁两个年龄层次的居中，分别为 43.02% 和 44.49%；60 岁以上的受访者知晓率最低，为 39.49%。可以看出，中年受访者对《决定》的知晓率较高，老年受访者的知晓率较低。

表 12－4　年龄与对《决定》的知晓率　　（单位：个，%）

对《决定》的知晓率	知道	不知道	合计
18～30 岁	41.80	58.20	100（1036）
31～40 岁	47.41	52.59	100（1044）
41～50 岁	43.02	56.98	100（1634）
51～60 岁	44.49	55.51	100（890）
60 岁以上	39.49	60.51	100（709）

有效样本：5313；缺失值：18；卡方值：0.012。

4. 务农农户知晓《决定》的比例较低，乡村教师和农村管理者较高

不同职业农户对《决定》的知晓率亦不尽相同，由下表可知，务农农户的知晓率最低，为 36.82%；主要职业为乡村教师及农村管理者的农户对《决定》的知晓率较高，分别为 62.20% 及 79.40%；务工及经商农户则居中，分别为 41.45% 和 46.73%。

表 12－5　职业与对《决定》的知晓率　　（单位：个，%）

对《决定》的知晓率	知道	不知道	合计
务农	36.82	63.18	100（2159）
务工	41.45	58.55	100（1532）
经商	46.73	53.27	100（490）
乡村教师	62.20	37.80	100（381）
农村管理者	79.40	20.60	100（301）
其他	39.53	60.47	100（430）

有效样本：5293；缺失值：38；卡方值：0.000。

5. 学历越高，农户知晓《决定》的比例越高

不同学历层次的农户对《决定》的知晓率也具有显著性差异（P 值为 0.000，远低于 0.05 的显著性水平）。具体从数据分析结果可知，随着学历

层次的增加，农户对《决定》的知晓率逐渐增加，高中及大专以上学历层次的农户知晓率更是达半数以上。

表 12－6　学历与对《决定》的知晓率　　（单位：个，%）

对《决定》的知晓率	知道	不知道	合计
文盲	31.94	68.51	100（724）
小学	38.44	61.56	100（1483）
初中	45.67	54.33	100（1734）
高中	52.39	47.61	100（773）
大专及以上	52.61	47.39	100（595）

有效样本：5309；缺失值：22；卡方值：0.000。

6. 农户家庭人均收入与知晓《决定》农户数的比例成正比

对家庭人均收入不同的农户关于《决定》的知晓率进行交叉分析发现，前者对于后者也具有显著性影响（P＝0.000）。随着收入水平的增加，农户对于《决定》的知晓率也逐步增加。家庭人均收入为 1600 元以下的农户的知晓率仅 36.11%，而人均收入为 3700 元以上的农户知晓率则达到了 53.46%，远高于前者。

表 12－7　家庭人均收入与对《决定》的知晓率　　（单位：个，%）

对《决定》的知晓率	知道	不知道	合计
1600 元及以下	36.11	63.89	100（1371）
1600～2300 元	42.80	57.20	100（1610）
2300～3000 元	45.89	54.11	100（1157）
3000～3700 元	48.52	51.48	100（573）
3700 元以上	53.46	46.54	100（563）

有效样本：5274；缺失值：57；卡方值：0.000。

7. 家庭收入来源为种植业农户知晓《决定》的比例较低

就家庭收入来源不同的农户关于《决定》知晓率进行交叉分析发现，收入来源主要为种植业的农户知晓率最低，仅为 39.67%，务工农户次之，为 42.41%。养殖业及其他收入来源的农户知晓率最高，分别达 50.53%

和51.78%。

表12－8　家庭收入来源与对《决定》的知晓率　（单位：个,%）

对《决定》的知晓率	知道	不知道	合计
种植业	39.67	60.33	100（1994）
养殖业	50.53	49.47	100（376）
务工	42.41	57.59	100（1844）
经商	48.16	51.84	100（515）
其他	51.78	48.22	100（562）

有效样本：5291；缺失值：40；卡方值：0.000。

8. 贫困农户相较非贫困农户，知晓《决定》的比例较高

数据分析发现，贫困农户相较于非贫困农户，对于《决定》的知晓率相对较高，前者为45.87%，后者为41.96%，前者较后者高出3.91个百分点。卡方检验结果表明，二者具有显著性差异，表明是否为贫困的农户，对于《决定》的知晓率具有显著性影响。

表12－9　是否贫困户与对《决定》的知晓率　（单位：个,%）

对《决定》的知晓率	知道	不知道	合计
是	45.87	54.13	100（2156）
否	41.96	58.04	100（3098）

有效样本：5254；缺失值：77；卡方值：0.005。

9. 建档立卡情况

是否建档立卡贫困户对于《决定》的知晓率并无显著性差异，因其卡方检验值为0.252，远高于0.05的显著性水平，说明是否建档立卡对于贫困农户的《决定》知晓率并无显著性影响。

表12－10　是否建档立卡贫困户与对《决定》的知晓率（单位：个,%）

对《决定》的知晓率	知道	不知道	合计
是	44.85	55.15	100（1273）
否	47.34	52.66	100（902）

有效样本：2175；缺失值：0；卡方值：0.252。

（二）对国家扶贫目标的知晓率

1. 仅三成农户表示知道国家的扶贫目标

当问及是否知道国家2016~2020年的扶贫目标时，在4995个农户有效样本中，有1558位农户表示知道，占比为31.19%，另有3437个农户表示并不知道，占比为68.81%。可以看到，农户对于国家的扶贫目标知晓率相对较低，仅超过三成。

表12-11　受访者对国家扶贫目标的知晓率　　（单位：个，%）

对国家扶贫目标的知晓率	样本	占比
知道	1558	31.19
不知道	3437	68.81
合计	4995	100.00

有效样本：4995；缺失值：336。

2. 男性对国家的扶贫目标知晓率相对较高

数据分析发现，男性对于国家的扶贫目标知晓率相对较高，占比为32.41%，高于女性28.70%的比例。从数据分析结果来看，交叉分析的卡方检验值为0.007，远低于0.05的显著性水平，说明性别对于受访者的知晓率具有显著性影响。

表12-12　性别与对国家扶贫目标的知晓率　　（单位：个，%）

对国家扶贫目标的知晓率	知道	不知道	合计
男性	32.41	67.59	100（3048）
女性	28.70	71.30	100（1798）

有效样本：4846；缺失值：485；卡方值：0.007。

3. 中年农户对国家的扶贫目标知晓率较高

对不同年龄层次的受访农户进行交叉分析，可以看出其具有显著性差异，其中30岁以下的农户及60岁以上的农户的知晓率相对较低，分别为28.26%和25.41%，都不足三成。31~40岁、41~50岁、51~60岁三个年龄层次的受访农户的知晓率相对较高，分别为34.36%、32.13%和

33.33%，皆超过三成。

表 12－13　年龄与对国家扶贫目标的知晓率　　（单位：个，%）

对国家扶贫目标的知晓率	知道	不知道	合计
18～30 岁	28.26	71.74	100（966）
31～40 岁	34.36	65.64	100（972）
41～50 岁	32.13	67.87	100（1547）
51～60 岁	33.33	66.67	100（831）
60 岁以上	25.41	74.59	100（669）

有效样本：4985；缺失值：346；卡方值：0.012。

4. 务农及务工农户的知晓率较低，乡村教师和农村管理者的知晓率较高

数据分析发现，不同职业农户对国家扶贫目标的知晓率具有显著性差异，其中务农农户、务工农户及其他职业的农户的知晓率相对较低，分别为 26.58%、25.58% 和 24.51%；乡村教师和农村管理者的知晓率相对较高，分别为 55.65% 和 72.95%。

表 12－14　职业与对国家扶贫目标的知晓率　　（单位：个，%）

对国家扶贫目标的知晓率	知道	不知道	合计
务农	26.58	73.42	100（2035）
务工	25.58	74.42	100（1431）
经商	31.53	68.47	100（463）
乡村教师	55.65	44.35	100（345）
农村管理者	72.95	27.05	100（281）
其他	24.51	75.49	100（412）

有效样本：4967；缺失值：364；卡方值：0.000。

5. 学历与农户对国家扶贫目标的知晓率呈正相关

交叉分析发现，学历层次不同的农户对国家扶贫目标的知晓率具有显著性差异，其卡方检验值为 0.000，低于 0.05 的显著性水平。具体来看，学历层次越低，农户对于国家扶贫目标的知晓率越低，其中文盲农户的知晓率仅为 21.82%，而随着学历的增长，农户的知晓率逐渐增高，高中、大专及以上学历的农户知晓率则达到了 41.64% 及 41.21%，约为文盲农户

知晓率的2倍。

表12－15　学历与对国家扶贫目标的知晓率　　（单位：个,%）

对国家扶贫目标的知晓率	知道	不知道	合计
文盲	21.82	78.18	100（692）
小学	26.35	73.65	100（1393）
初中	31.13	68.87	100（1603）
高中	41.64	58.36	100（730）
大专及以上	41.21	58.79	100（563）

有效样本：4981；缺失值：350；卡方值：0.000。

6. 家庭人均收入越高的农户对国家扶贫目标的知晓率越高

家庭人均收入对农户的国家扶贫目标知晓率也具有显著性影响。具体从数据分析结果可以看出，随着家庭收入的增加，农户对于国家扶贫目标的知晓率逐渐增高，从22.54%逐渐增加到40.75%。

表12－16　家庭人均收入与对国家扶贫目标的知晓率（单位：个,%）

对国家扶贫目标的知晓率	知道	不知道	合计
1600元及以下	22.54	77.46	100（1269）
1600～2300元	30.07	69.93	100（1510）
2300～3000元	35.49	64.51	100（1099）
3000～3700元	37.66	62.34	100（539）
3700元以上	40.75	59.25	100（535）

有效样本：4952；缺失值：379；卡方值：0.000。

7. 家庭收入来源为务工的农户对国家扶贫目标的知晓率较低

进一步对家庭收入来源不同的农户关于国家扶贫目标的知晓率进行交叉分析发现，前者对于后者具有显著性影响。由下表可知，家庭收入来源主要为务工的农户对国家的扶贫目标知晓率最低，仅为26.86%；收入来源为养殖业及其他行业的农户相对较高，分别为37.17%和43.07%。

表 12－17　家庭收入来源与对国家扶贫目标的知晓率（单位：个,%）

对国家扶贫目标的知晓率	知道	不知道	合计
种植业	30.12	69.88	100（1889）
养殖业	37.17	62.83	100（339）
务工	26.86	73.14	100（1716）
经商	33.88	66.12	100（490）
其他	43.07	56.93	100（534）

有效样本：4968；缺失值：363；卡方值：0.000。

8. 贫困农户相较非贫困农户，对国家扶贫目标的知晓率较高

对于是否为贫困农户的受访者进行交叉分析可知，二者也具有显著性差异（P＝0.000）。贫困农户对国家扶贫目标的知晓率为34.92%，高于非贫困农户的28.76%，说明是否为贫困农户，对于其国家扶贫目标的知晓率具有显著性影响。

表 12－18　是否贫困户与对国家扶贫目标的知晓率（单位：个,%）

对国家扶贫目标的知晓率	知道	不知道	合计
是	34.92	65.08	100（2013）
否	28.76	71.24	100（2938）

有效样本：4951；缺失值：380；卡方值：0.000。

9. 建档立卡贫困户相较于未建档立卡贫困户，对于国家扶贫目标的知晓率高

对贫困农户样本中是否进行建档立卡这一指标进行交叉分析，发现两个群体农户对于国家扶贫目标的知晓率具有显著性差异（P值为0.002），其中建档立卡的贫困户相较于未建档立卡的贫困户，对于国家扶贫目标的知晓率要高，前者为37.66%，后者为31.03%，前者高于后者6.63个百分点。

表 12－19　是否建档立卡贫困户与对国家扶贫目标的知晓率（单位：个,%）

对国家扶贫目标的知晓率	知道	不知道	合计
是	37.66	62.34	100（1187）
否	31.03	68.97	100（838）

有效样本：2025；缺失值：150；卡方值：0.002。

（三）对各类扶贫政策的知晓率

1. 不足两成受访农户表示知晓各类扶贫政策

在5244个农户有效样本中，表示对各类扶贫政策“非常了解”及“比较了解”的占比分别为2.80%和15.94%，二者之和不足两成。与之相对的是，表示“不太了解”及“基本不了解”的占比分别为42.11%和14.09%，二者之和高达56.20%。同时还可看到，有25.06%的农户表示“一般”。由此可见，农户对于各类扶贫政策的知晓率还比较低，绝大部分农户仍不了解。

表12－20　受访者对各类扶贫政策的知晓率　　（单位：个,%）

对各类扶贫政策的知晓率	样本	占比
非常了解	147	2.80
比较了解	836	15.94
一般	1314	25.06
不太了解	2208	42.11
基本不了解	739	14.09
合计	5244	100.00

有效样本：5244；缺失值：87；卡方值：0.0000。

2. 男性受访者对于扶贫政策的知晓率相较女性高

对不同性别的受访者关于扶贫政策的知晓率进行交叉分析发现，男性的知晓率要高于女性，且二者具有显著性差异（P值为0.002）。具体从数据可知，男性表示“非常了解”及“比较了解”的比例相对女性要高，表示“不太了解”及“基本不了解”的比例相对要低，二者表示“一般”的比例相当。

表12－21　性别与对扶贫政策的知晓率　　（单位：个,%）

	非常了解	比较了解	一般	不太了解	基本不了解	合计
男性	3.27	17.32	24.79	41.30	13.33	100（3211）
女性	2.19	13.98	24.71	44.18	14.94	100（1874）

有效样本：5085；缺失值：246；卡方值：0.002。

3. 中年农户对于扶贫政策的知晓率相对较高

进一步对不同年龄层次的农户关于扶贫政策的知晓率进行分析，可得18～30岁年龄层次的农户对扶贫政策的知晓率较低，而31～40岁、41～50岁、51～60岁、60岁及以上四个年龄层次的农户的知晓率相对较高，也就是说，中年农户、老年农户对扶贫政策的知晓率相对较高，青年农户知晓率相对较低。

表12－22　年龄与对扶贫政策的知晓率　（单位：个，%）

	非常了解	比较了解	一般	不太了解	基本不了解	合计
18～30岁	0.68	11.51	26.34	46.44	15.02	100（1025）
31～40岁	2.72	16.68	24.83	42.10	13.68	100（1031）
41～50岁	3.42	16.60	26.12	41.29	12.56	100（1608）
51～60岁	3.44	18.00	24.77	38.30	15.48	100（872）
60及以上	3.74	16.67	21.41	42.82	15.37	100（696）

有效样本：5232；缺失值：99；卡方值：0.000。

4. 务工农户对扶贫政策的知晓率较低，农村管理者较高

从不同职业农户对扶贫政策的知晓率来看，务工农户的比例相对较低，表示"非常了解"及"比较了解"的占比之和仅为12.32%，表示"不太了解"及"基本不了解"的占比之和高达61.59%。与之相对，农村管理者的知晓率相对较高，表示"非常了解"及"比较了解"的占比之和为64.74%，表示"不太了解"及"基本不了解"的占比之和仅为22.04%。

表12－23　职业与对扶贫政策的知晓率　（单位：个，%）

	非常了解	比较了解	一般	不太了解	基本不了解	合计
务农	1.70	14.43	24.86	43.44	15.57	100（2120）
务工	1.65	10.67	26.09	47.10	14.49	100（1518）
经商	1.87	18.50	28.90	37.84	12.89	100（481）
乡村教师	2.14	24.40	27.88	35.92	9.65	100（373）
农村管理者	21.69	43.05	13.22	18.31	3.73	100（295）
其他	1.18	13.41	24.71	42.35	18.35	100（425）

有效样本：5212；缺失值：119；卡方值：0.000。

5. 高中学历的农户对扶贫政策的知晓率较高，文盲及小学学历的农户知晓率较低

从不同学历层次农户对扶贫政策的知晓率来看，文盲农户的知晓率最低，“非常了解”和“比较了解”的占比和仅为11.37%；高中学历的农户知晓率最高，上述二者占比和为28.83%。交叉分析结果也表明，学历对于农户的扶贫政策知晓率具有显著性影响，随着学历层次的增高，农户对扶贫政策的知晓率逐渐增高。

表12－24　学历与对扶贫政策的知晓率　（单位：个，%）

	非常了解	比较了解	一般	不太了解	基本不了解	合计
文盲	0.70	10.67	22.75	43.82	22.05	100（712）
小学	1.85	13.01	26.78	44.66	13.70	100（1460）
初中	2.99	16.87	23.90	43.47	12.77	100（1707）
高中	6.42	22.41	27.13	33.16	10.88	100（763）
大专及以上	2.39	18.43	24.91	40.78	13.48	100（586）

有效样本：5228；缺失值：103；卡方值：0.000。

6. 家庭人均收入越高的农户对扶贫政策的知晓率越高

对不同家庭收入层次的农户关于扶贫政策的知晓率进行交叉分析可见，家庭人均收入在3700元以上的农户知晓率较高，卡方检验值为0.000，表明不同家庭收入层次的农户的扶贫政策知晓率具有显著性差异。由下表可知，随着家庭收入层次的提高，农户对于扶贫政策的知晓率逐渐增高。

表12－25　家庭人均收入与对扶贫政策的知晓率　（单位：个，%）

	非常了解	比较了解	一般	不太了解	基本不了解	合计
1600元及以下	1.63	11.25	23.17	46.71	17.25	100（1351）
1600～2300元	1.77	14.33	25.95	43.69	14.27	100（1584）
2300～3000元	2.80	19.09	27.06	39.49	11.56	100（1142）
3000～3700元	3.53	18.02	26.50	39.22	12.72	100（566）
3700元以上	7.97	23.37	21.74	34.60	12.32	100（552）

有效样本：5195；缺失值：136；卡方值：0.000。

7. 家庭收入来源为外出务工的农户对国家扶贫政策的知晓率较低

进一步对家庭收入来源不同的农户关于国家扶贫政策的知晓率进行分析可见，收入来源为外出务工农户的知晓率最低，“非常了解”及“比较了解”的占比和仅为13.34%，“不太了解”及“基本不了解”的占比和则达到59.94%。

表12－26　收入来源与对扶贫政策的知晓率　（单位：个,%）

	非常了解	比较了解	一般	不太了解	基本不了解	合计
种植业	2.59	16.53	24.26	41.05	15.56	100（1966）
养殖业	3.31	14.88	23.97	42.42	15.43	100（363）
务工	2.03	11.31	26.73	46.05	13.89	100（1822）
经商	4.15	19.76	24.90	40.32	10.87	100（506）
其他	4.50	26.26	23.74	33.81	11.69	100（556）

有效样本：5213；缺失值：118；卡方值：0.000。

8. 贫困农户相较非贫困农户，对扶贫政策的知晓率较高

数据分析发现，被评为贫困户的农户，对于扶贫政策的知晓率，相较于未评为贫困户的农户，对扶贫政策的知晓率要高，且其交叉分析的P值为0.000，说明从统计学意义上讲，是否被评为贫困户，对于农户的扶贫政策知晓率具有显著性影响。

表12－27　是否贫困户与对扶贫政策的知晓率　（单位：个,%）

	非常了解	比较了解	一般	不太了解	基本不了解	合计
是	2.54	17.08	27.15	39.34	13.88	100（2125）
否	3.01	15.32	23.73	43.83	14.11	100（3055）

有效样本：5180；缺失值：151；卡方值：0.000。

9. 建档立卡贫困户相较于未建档立卡者，对扶贫政策知晓率要高

进一步对上述2175位贫困户样本进行关于是否建档立卡的分析，得到2142个有效样本。可以看到，是否建档立卡对于农户的扶贫政策知晓率具有显著性影响（P＝0.000）。具体从数据来看，建档立卡贫困户表示“非常了解”及“比较了解”的占比分别为2.55%和20.68%，其和为23.23%，

表示“不太了解”及“基本不了解”的占比分别为34.53%和13.29%，其和为47.82%。相对而言，未建档立卡的农户表示“非常了解”及“比较了解”的占比和为14.24%，表示“不太了解”及“基本不了解”的占比和为61.13%。可以看出，相较于未建档立卡者，建档立卡的贫困户对于扶贫政策的知晓率要高。

表12－28　是否建档立卡贫困户与对扶贫政策的知晓率（单位：个,%）

	非常了解	比较了解	一般	不太了解	基本不了解	合计
是	2.55	20.68	28.96	34.53	13.29	100（1257）
否	2.49	11.75	24.63	46.21	14.92	100（885）

有效样本：2142；缺失值：33；卡方值：0.000。

（四）对易地扶贫搬迁政策的知晓率

1. 超过半数受访农户表示知道易地扶贫搬迁政策

对于是否知晓易地扶贫搬迁政策，在5225个农户有效样本中，有54.09%的受访者表示听说过，还有45.91%的受访者表示没有听说过。可见，相对于上述政策，农户对易地扶贫搬迁政策的知晓率相对较高，仍有近半数农户还未知晓该政策。

表12－29　受访者对易地扶贫搬迁政策的知晓率　（单位：个,%）

对易地扶贫搬迁政策的知晓率	样本	占比
听说过	2826	54.09
没有听说过	2399	45.91
合计	5225	100.00

有效样本：5225；缺失值：106。

2. 男性知晓易地扶贫搬迁政策的比例较高

在不同性别的受访者中，男性对于易地扶贫搬迁政策的知晓率为55.96%，比女性的这一比例高4.65个百分点。同时交叉分析结果表明，二者在统计学意义上具有显著性差异。

表 12-30　性别与对易地扶贫搬迁政策的知晓率　（单位：个，%）

对易地扶贫搬迁政策的知晓率	听说过	没有听说过	合计
男性	55.96	44.04	100（3204）
女性	51.31	48.69	100（1867）

有效样本：5071；缺失值：260；卡方值：0.001。

3. 中年农户对易地扶贫搬迁政策的知晓率较高

对不同年龄层次的农户关于易地扶贫搬迁政策的知晓率进行数据分析可见：18~30岁的受访农户听说过该政策的比例较低，为49.85%；60岁以上农户的知晓率相对较低，为51.01%。总之，中年农户对易地扶贫搬迁政策的知晓率相对较高，老年农户次之，青年农户最低。

表 12-31　年龄与对易地扶贫搬迁政策的知晓率　（单位：个，%）

对易地扶贫搬迁政策的知晓率	听说过	没有听说过	合计
18~30岁	49.85	50.15	100（1019）
31~40岁	54.56	45.44	100（1019）
41~50岁	55.49	44.51	100（1611）
51~60岁	58.03	41.97	100（872）
60岁以上	51.01	48.99	100（694）

有效样本：5215；缺失值：116；卡方值：0.002。

4. 乡村教师及农村管理者对易地扶贫搬迁政策的知晓率较高

在不同职业的农户样本中，知晓易地扶贫搬迁政策的务农、务工及经商农户的占比基本相当，分别为51.79%、52.43%和53.04%。与之相对，乡村教师和农村管理者对该政策的知晓率较高，分别为61.07%和75.50%。

表 12-32　职业与对易地扶贫搬迁政策的知晓率　（单位：个，%）

对易地扶贫搬迁政策的知晓率	听说过	没有听说过	合计
务农	51.79	48.21	100（2120）
务工	52.43	47.57	100（1499）
经商	53.04	46.96	100（477）
乡村教师	61.07	38.93	100（375）

续表

对易地扶贫搬迁政策的知晓率	听说过	没有听说过	合计
农村管理者	75.50	24.50	100（298）
其他	51.76	48.24	100（425）

有效样本：5194；缺失值：137；卡方值：0.000。

5. 学历对农户的易地扶贫搬迁政策知晓率并无显著性影响

对不同学历层次的受访者关于易地扶贫搬迁政策的知晓率进行交叉分析，可以看到，其P值为0.433，远大于0.05的显著性水平，说明学历对之并无显著性影响。

表12－33　学历与对易地扶贫搬迁政策的知晓率　（单位：个,%）

对易地扶贫搬迁政策的知晓率	听说过	没有听说过	合计
文盲	52.11	47.89	100（710）
小学	53.67	46.33	100（1457）
初中	53.99	46.01	100（1704）
高中	56.97	43.03	100（760）
大专及以上	54.48	45.52	100（580）

有效样本：5211；缺失值：120；卡方值：0.433。

6. 中等收入农户对易地扶贫搬迁政策的知晓率较高。

与学历层次不同的是，收入层次不同的农户，对易地扶贫搬迁政策的知晓率具有显著性差异（P值为0.000）。具体从数据来看，家庭人均收入在1600元以下的农户知晓率不足五成，为48.26%，其余收入层次都超过五成。其中2300元以上的三个收入层次的农户知晓率相对较高，分别达到57.87%、56.79%和56.60%。

表12－34　家庭人均收入与对易地扶贫搬迁政策的知晓率　（单位：个,%）

对易地扶贫搬迁政策的知晓率	听说过	没有听说过	合计
1600元及以下	48.26	51.74	100（1347）
1600～2300元	54.82	45.18	100（1576）
2300～3000元	57.87	42.13	100（1137）
3000～3700元	56.79	43.21	100（567）
3700元以上	56.60	43.40	100（553）

有效样本：5180；缺失值：151；卡方值：0.000。

7. 家庭收入来源为养殖业的农户对易地扶贫搬迁的知晓率较低

进一步对不同收入来源的农户进行关于易地扶贫搬迁政策知晓率的分析，可以看到，养殖业农户的知晓率相对较低，仅为47.67%，尚不足五成。经商农户和其他农户相对较高，分别达56.50%和58.98%。

表12-35　家庭收入来源与对易地扶贫搬迁政策的知晓率　（单位：个,%）

对易地扶贫搬迁政策的知晓率	听说过	没有听说过	合计
种植业	53.75	46.25	100（1959）
养殖业	47.67	52.33	100（365）
务工	53.61	46.39	100（1813）
经商	56.50	43.50	100（508）
其他	58.98	41.02	100（551）

有效样本：5196；缺失值：135；卡方值：0.012。

8. 贫困农户对易地扶贫搬迁政策的知晓率相对较高

至于是否为贫困农户，其对于易地扶贫搬迁政策的知晓率也具有显著性差异（P=0.000）。具体来看，贫困农户对易地扶贫搬迁政策的知晓率为57.84%，比非贫困农户的高了6.01个百分点。

表12-36　是否贫困户与对易地扶贫搬迁政策的知晓率（单位：个,%）

对易地扶贫搬迁政策的知晓率	听说过	没有听说过	合计
是	57.84	42.16	100（2118）
否	51.83	48.17	100（3058）

有效样本：5176；缺失值：155；卡方值：0.000。

9. 建档立卡贫困户的知晓率相对较高

进一步对是否建档立卡的贫困农户进行考察可知，已经建档立卡的贫困农户知晓易地扶贫搬迁政策的占比为63.76%，远高于未建档立卡贫困户的49.26%，交叉分析的卡方检验值也证实了这一结果。

表12-37　是否建档立卡贫困户与对易地扶贫搬迁政策的知晓率　（单位：个,%）

对易地扶贫搬迁政策的知晓率	听说过	没有听说过	合计
是	63.76	36.24	100（1250）
否	49.26	50.74	100（883）

有效样本：2133；缺失值：42；卡方值：0.000。

（五）对当地政府扶贫项目的知晓率

1. 超过六成农户对当地政府的扶贫项目不甚了解

由下表可知，农户对当地政府扶贫项目的认知主要停留在比较了解和不太清楚层面，其中不太清楚的占比最高，为58.76%，接近六成。表示非常了解和完全没听说过这两极的农户都比较少，分别占比6.34%和5.66%。可见，农户对于当地政府的扶贫项目不太了解，认知度相对较差。

表12－38　受访者对当地政府扶贫项目的知晓率　（单位：个，%）

对当地政府扶贫项目的知晓率	样本	占比
非常了解	33	6.34
比较了解	1535	29.24
不太清楚	3085	58.76
完全没听说过	297	5.66
合计	4950	100.00

有效样本：4950；缺失值：81。

2. 男性对当地政府的扶贫项目认知度要比女性高

对不同性别农户进行考察可知，男性了解当地政府扶贫项目的比例相对女性要高，其中非常了解的比例要高1.23个百分点，比较了解的比例要高2.93个百分点，尽管相差并不多，但卡方检验值表明二者具有显著性差异。

表12－39　性别与对当地政府扶贫项目的知晓率　（单位：个，%）

	非常了解	比较了解	不太清楚	完全没听说过	合计
男	6.74	30.13	57.70	5.43	100（3206）
女	5.51	27.20	61.08	6.20	100（1886）

有效样本：5092；缺失值：239；卡方值：0.020。

3. 青年农户对当地政府扶持项目的知晓率较低

对不同年龄层次的农户进行交叉分析发现，其具有显著性差异，其中30岁以下的农户知晓率较低，表示非常了解和比较了解的占比和为

27.45%，而表示不太清楚和完全没听说过的占比和达到72.55%。

表12－40　年龄与对当地政府扶贫项目的知晓率　（单位：个，%）

	非常了解	比较了解	不太清楚	完全没听说过	合计
18~30岁	5.59	21.86	65.69	6.86	100（1020）
31~40岁	6.21	34.08	54.56	5.15	100（1030）
41~50岁	6.25	29.44	59.49	4.82	100（1617）
51~60岁	7.67	32.27	55.15	4.92	100（874）
60岁以上	6.88	28.41	58.11	7.60	100（697）

有效样本：5238；缺失值：93；卡方值：0.000。

4. 农村管理者对当地政府的扶贫项目的知晓率较高

从不同职业农户对于当地政府扶贫项目知晓率来看，务工农户的知晓率较低，表示非常了解和比较了解占比和仅为27.95%；农村管理者作为当地政府扶贫政策的具体执行者和参与者，其知晓率相对较高，上述两类占比和高达83.22%。

表12－41　职业与对当地政府扶贫项目的知晓率　（单位：个，%）

	非常了解	比较了解	不太清楚	完全没听说过	合计
务农	4.61	28.35	60.65	6.39	100（2127）
务工	4.49	23.46	66.62	5.42	100（1513）
经商	4.74	30.72	59.79	4.74	100（485）
乡村教师	7.22	51.87	37.70	3.21	100（374）
农村管理者	32.55	50.67	15.10	1.68	100（298）
其他	4.48	17.92	68.63	8.96	100（424）

有效样本：5221；缺失值：110；卡方值：0.000。

5. 学历对农户的知晓率具有显著性影响

对于不同学历农户的知晓率进行交叉分析发现，学历对于农户对当地政府扶贫项目的知晓率具有显著性影响，其中文盲农户的知晓率较低，小学和初中学历的次之，高中学历农户的知晓率最高。

表 12－42　学历与对当地政府扶贫项目的知晓率　（单位：个,%）

	非常了解	比较了解	不太清楚	完全没听说过	合计
文盲	5.18	24.51	64.15	6.16	100（714）
小学	4.53	30.86	59.40	5.21	100（1458）
初中	6.37	28.04	58.94	6.66	100（1712）
高中	10.04	32.46	54.24	3.26	100（767）
大专及以上	7.38	30.70	55.75	6.17	100（583）

有效样本：5234；缺失值 97；卡方值：0.000。

6. 家庭人均收入越高的农户，对当地政府扶贫项目的知晓率越高

从人均收入不同的农户来看，其对当地政府扶贫项目的知晓率也具有显著差异。交叉分析结果显示，收入越低，农户对当地政府扶贫项目的知晓率越低；收入越高，农户对当地政府扶贫项目的知晓率越高。

表 12－43　家庭人均收入与对当地政府扶贫项目的知晓率　（单位：个,%）

	非常了解	比较了解	不太清楚	完全没听说过	合计
1600 元及以下	4.36	22.01	65.21	8.42	100（1354）
1600～2300 元	5.92	31.23	58.69	4.16	100（1588）
2300～3000 元	6.64	32.52	56.03	4.81	100（1144）
3000～3700 元	7.10	31.62	57.19	4.09	100（563）
3700 元以上	10.99	32.43	50.27	6.31	100（555）

有效样本：5204；缺失值 127；卡方值：0.000。

7. 收入来源为务工的农户对当地政府的扶贫项目知晓率较低

对家庭收入来源不同的农户关于当地政府扶贫项目的知晓率进行交叉分析，由下表可以看出，收入来源为务工的农户，对于当地政府的扶贫项目的知晓率相对较低，其他则较高。

表 12－44　家庭收入来源与对当地政府扶贫项目的知晓率　（单位：个,%）

	非常了解	比较了解	不太清楚	完全没听说过	合计
种植业	6.09	29.51	58.56	5.84	100（1969）
养殖业	11.17	35.97	44.96	7.90	100（367）
务工	4.28	25.00	65.46	5.26	100（1824）
经商	6.89	31.10	57.09	4.92	100（508）
其他	10.00	36.18	48.18	5.64	100（550）

有效样本：5218；缺失值 113；卡方值：0.000。

8. 贫困农户对当地政府扶贫项目的知晓率较高

对是否被评为贫困农户的有效样本进行分析，可以得知，贫困农户对当地政府的扶贫项目知晓率较高，表示非常了解和比较了解的占比和达39.53%，高于非贫困农户的32.90%，且二者具有显著性差异。

表12-45 是否贫困户与对当地政府扶贫项目的知晓率（单位：个，%）

	非常了解	比较了解	不太清楚	完全没听说过	合计
是	6.73	32.80	55.20	5.27	100（2125）
否	6.07	26.83	61.19	5.91	100（3064）

有效样本：5189；缺失值：142；卡方值：0.000。

9. 建档立卡贫困户的知晓率相对较高

与是否为贫困农户一样，是否建档立卡贫困户的知晓率也具有显著性差异。已建档立卡贫困户的知晓率（“非常了解”与“比较了解”之和）要高于未建档立卡贫困户，前者为42.82%，后者为32.36%。

表12-46 是否建档立卡贫困户与对当地政府扶贫项目的知晓率（单位：个，%）

	非常了解	比较了解	不太清楚	完全没听说过	合计
是	7.42	37.40	51.28	3.91	100（1254）
否	5.75	26.61	60.43	7.22	100（887）

有效样本：2141；缺失值：34；卡方值：0.000。

三、农户对精准扶贫政策的需求

本书从农户对政府扶贫的需求、对扶贫政策的需求、对扶持项目的需求以及对精准扶贫举措的需求四个层面，考察农户对国家扶贫政策的实际需求，以期为下一步的脱贫攻坚政策调整提供数据支持和决策依据。

（一）对政府政策的需求

调查数据显示，在14151个农户有效样本中，有2117家农户最希望政府的扶贫政策执行更加公平，达到比例最高，达40.07%，表明农民“不患寡而患不均”的思想较为强烈，对国家扶贫政策执行过程中在“做大蛋糕”的同时也要为做好“分好蛋糕”提出更高要求。与此同时，还可以看到，对改善基础设施、增加就业机会、提高教育水平、加大疾病救助等需求也较为强烈，占比都达到三成到四成。

表 12－47　受访农户对政府的需求　　（单位：个,%）

对政府政策的需求	响应数	占比
扶贫政策执行公平	2117	40.07
改善基础设施	2029	38.41
增加就业机会	1839	34.81
提高教育水平	1781	33.71
加大疾病救助	1707	32.31
投放更多扶贫项目	1519	28.75
提供技术支持	1056	19.99
改善生态环境	802	15.18
提高移民搬迁补助	729	13.80
解决饮水问题	572	10.83
合计	14151[1]	100.00

有效样本：14151；缺失值：48。

（二）对扶贫政策的需求

表 12－48　受访农户对政策的需求　　（单位：个,%）

对政策的需求	样本数	占比
提供资金扶持	1810	34.27
提供就业机会	1217	23.04
提供技术帮扶	1198	22.68
解决生活困难	853	16.15
其他	204	3.86
合计	5282	100.00

有效样本：5282；缺失值：49。

[1] 本题为多项选择题（限选 3 项），响应数大于样本数，课题组采取响应数除以总样本数的计算方法，故各项占比数之和大于 100%。

在问及对扶贫政策的需求时，有34.27%的农户希望政府能提供资金扶持，23.04%的农户希望提供就业机会，22.68%的农户希望提供技术帮扶，16.15%的农户希望解决生活困难，另有3.86%的农户选择“其他”。可以看到，农民最需要政府提供资金、就业和技术扶持，以脱贫致富。

（三）对扶持项目的需求

表12－49　受访农户对扶持项目的需求　　　（单位：个,%）

对扶持项目的需求	响应数	占比
村组、入户道路	2449	46.20
文化、教育、医疗及体育设施	2417	45.59
农田水利设施	1814	34.22
劳动力转移就业、农业实用技术培训	1752	33.05
住房改造或重建	1354	25.54
人畜饮水及电力设施	1096	20.68
种养业资金补贴或免费提供种苗、禽畜	1072	20.22
金融支持	914	17.24
沼气、太阳能、天然气等新能源建设	899	16.96
仓储、运输和加工业	351	6.62
其他	26	0.49
合计	14144[1]	100.00

有效样本：14144；缺失值：30；卡方值：0.0000。

至于对扶持项目的需求，在14144个有效样本中，46.20%的农户选择了村组、入户道路，45.59%的农户选择了文化、教育、医疗及体育设施，34.22%的农户选择了农田水利设施，另有25.54%及20.68%的农户选择了住房改造或重建、人畜饮水及电力设施，16.96%的农户需要沼气、太阳能、天然气等新能源建设。同时还可以看到，33.05%的农户需要劳动力转

[1] 本题为多项选择题（限选3项），响应数大于样本数，课题组采取响应数除以总样本数的计算方法，故各项占比数之和大于100%。

移就业、农业实用技术等培训，20.22%和17.44%的农户需要资金补贴和金融支持，6.62%的农户需要仓储、运输和加工业资金补贴。综上所述，农户对扶持项目的需求无非三类：基础设施建设、资金补贴和金融支持，其中对于农村基础设施建设的需求最为强烈，对于资金补贴和金融支持的需求也较为强烈。

（四）对精准扶贫举措的需求

进一步对农户对精准扶贫举措的需求进行分析可知，在5247个有效样本中，33.22%的农户最需要发展生产扶持，20.75%的农户最需要教育扶贫，18.07%和14.43%的农户最需要劳务输出扶贫及医疗救助。另外，还有5.07%的农户需要政策兜底保障，4.36%的农户需要易地搬迁脱贫，2.88%的农户需要生态脱贫，此外还有1.22%的农户选择了电商脱贫。可以看到，农户对于发展生产扶持的精准扶贫需求最为强烈，对于教育扶贫及劳务输出扶贫的需求也比较强。

表12－50　受访农户对精准扶贫举措的需求　（单位：个,%）

对精准扶贫举措的需求	样本数	占比
发展生产扶持	1743	33.22
教育扶贫	1089	20.75
劳务输出扶贫	948	18.07
医疗救助	757	14.43
政策兜底保障	266	5.07
易地搬迁脱贫	229	4.36
生态脱贫	151	2.88
电商扶贫	64	1.22
合计	5247	100.00

有效样本：5247；缺失值：84；卡方值：0.0000。

四、农户对精准扶贫政策的态度

国家扶贫项目相对农民自身力量而言，仅仅是一种“外生性”力量，贫困农户要真正脱贫，关键还在于其自身行动。本部分通过分析农户在面对国家扶贫政策时的关注度和参与度，考察农户对扶贫政策的态度，进一步分析农户这一脱贫攻坚的“内生性”力量的强弱。

(一) 对国家扶贫政策的态度

1. 超过三成农户对国家扶贫政策较为关注

对样本农户关于国家扶贫政策的态度进行考察，有 8.64% 的受访者表示经常关注，28.47% 的受访者表示比较关注，二者占比和达 37.11%。同时也要看到，还有 35.20% 的受访者表示一般，另有 21.68% 的农户表示不太关注，6.01% 的农户表示基本不关注。

表 12－51　受访者对国家扶贫政策的态度　（单位：个,%）

对国家扶贫政策的态度	样本	占比
经常关注	457	8.64
比较关注	1505	28.47
一般	1861	35.20
不太关注	1146	21.68
基本不关注	318	6.01
合计	5287	100.00

有效样本：5287；缺失值：44；卡方值：0.0000。

2. 男性对国家扶贫政策较为关注

由下表可知，男性受访者对国家的扶贫政策较为关注，其经常关注和比较关注的占比和达 39.28%，相较女性的这一占比和高出 5.31 个百分点，且二者具有显著性差异。

表 12－52　性别与对国家扶贫政策的态度　（单位：个,%）

	经常关注	比较关注	一般	不太关注	基本不关注	合计
男性	10.11	29.17	33.78	21.66	5.28	100（3236）
女性	6.17	27.80	37.13	22.10	6.80	100（1896）

有效样本：5132；缺失值：199；卡方值：0.000。

3. 中年农户对国家扶贫政策较为关注

从不同年龄层次来看，中年农户（包括 31 ~40 岁、41 ~50 岁、51 ~60 岁）对国家扶贫政策的关注度较高，其经常关注和比较关注度占比和分别为36%、40.08%、41.50%；老年农户（60 岁以上）的关注度次之，为39.83%；青年农户（18 ~30 岁）的关注度最低，为27.66%。总之，对于国家扶贫政策，中年农户的关注度最高，老年农户次之，青年农户最低。

表 12 -53 年龄与对国家扶贫政策的态度 （单位：个,%）

	经常关注	比较关注	一般	不太关注	基本不关注	合计
18 ~30 岁	4.58	23.08	39.92	25.12	7.30	100（1027）
31 ~40 岁	9.36	26.64	34.94	22.30	6.76	100（1036）
41 ~50 岁	10.33	29.75	34.85	20.41	4.67	100（1627）
51 ~60 岁	10.32	31.18	32.65	19.05	6.80	100（882）
60 岁以上	7.54	32.29	32.86	22.19	5.12	100（703）

有效样本：5275；缺失值：56；卡方值：0.000。

4. 经商农户的关注度最低，农村管理者最高

表 12 -54 职业与对国家扶贫政策的态度 （单位：个,%）

	经常关注	比较关注	一般	不太关注	基本不关注	合计
务农	8.00	30.78	35.64	19.97	5.61	100（2138）
务工	8.40	25.94	36.18	23.83	5.65	100（1523）
经商	4.10	25.82	38.93	24.59	6.56	100（488）
乡村教师	5.82	27.78	33.33	23.54	9.52	100（378）
农村管理者	29.87	37.58	15.77	13.09	3.69	100（298）
其他	5.81	23.72	39.07	24.19	7.21	100（430）

有效样本：5255；缺失值：76；卡方值：0.000。

进一步对不同职业的农户进行考察可知，经商农户的关注度最低，经常关注和比较关注的占比和仅为29.92%；农村管理者最高，上述占比和高达67.45%。务农、务工农户及乡村教师居中。

5. 中等学历农户对国家扶贫政策的关注度较高

对不同学历层次的农户对国家扶贫政策的态度进行交叉分析，可见其具有显著性差异。具体来看，文盲农户的关注度较低，为28.51%；大专及以上农户次之，为32.43%。小学、初中、高中学历的农户关注度较高，其中高中学历的关注度最高，达46.35%。总体来看，其呈现一个倒“V”字形趋势。

表12－55　学历与对国家扶贫政策的态度　（单位：个,%）

	经常关注	比较关注	一般	不太关注	基本不关注	合计
文盲	5.56	22.95	37.55	25.59	8.34	100（719）
小学	6.40	28.32	35.67	23.08	6.54	100（1469）
初中	10.50	29.60	34.65	20.14	5.11	100（1723）
高中	12.50	33.85	30.47	18.36	4.82	100（768）
大专及以上	7.60	24.83	38.85	22.64	6.08	100（592）

有效样本：5271；缺失值：60；卡方值：0.000。

6. 中等收入农户对国家扶贫政策的关注度较低

从不同收入层次来看，中等收入层次农户对国家扶贫政策的关注度较低，低等收入和高等收入农户的关注度较高，总的来看，其呈现一个“V”字形趋势。

表12－56　家庭人均收入与对国家扶贫政策的态度　（单位：个,%）

	经常关注	比较关注	一般	不太关注	基本不关注	合计
1600元及以下	9.63	29.61	35.05	18.88	6.83	100（1361）
1600～2300元	6.20	29.10	35.23	23.59	5.88	100（1598）
2300～3000元	7.82	26.76	35.71	23.63	6.08	100（1151）
3000～3700元	9.79	25.35	38.81	21.33	4.72	100（572）
3700元以上	13.42	31.31	30.59	19.50	5.19	100（559）

有效样本：5241；缺失值：90；卡方值：0.000。

7. 种植业农户对国家扶贫政策较为关注

进一步对家庭收入来源不同的农户进行分析，可见，收入来源主要为种植业的农户对国家扶贫政策的关注度较高，达 40.42%。其余养殖业、务工及经商农户的关注度相当，分别为 31.99%、34.35%、34.96%。

表 12－57　家庭收入来源与对国家扶贫政策的态度　（单位：个，%）

	经常关注	比较关注	一般	不太关注	基本不关注	合计
种植业	9.50	30.92	33.75	19.96	5.86	100（1979）
养殖业	8.33	23.66	26.61	28.76	12.63	100（372）
务工	7.36	26.99	37.51	22.63	5.51	100（1834）
经商	7.42	27.54	37.89	22.07	5.08	100（512）
其他	11.47	28.85	34.77	19.89	5.02	100（558）

有效样本：5255；缺失值：76；卡方值：0.000。

8. 贫困户的知晓率相对较高

是否为贫困农户，其对于国家扶贫政策的关注度也不尽相同，且具有显著性差异。相对而言，贫困农户的关注度较高，非贫困农户的关注度较低。

表 12－58　是否贫困户与对国家扶贫政策的态度　（单位：个，%）

	经常关注	比较关注	一般	不太关注	基本不关注	合计
是	8.70	30.42	34.14	19.49	7.26	100（2150）
否	8.62	27.32	35.90	23.07	5.09	100（3086）

有效样本：5236；缺失值：95；卡方值：0.000。

9. 建档立卡贫困户的关注度较高

进一步对是否建档立卡的贫困农户进行考察可知，通过函数交叉分析可知，已经建档立卡的贫困农户的关注度为 41.91%，远高于未建档立卡贫困户的 34.93%。

表 12－59　是否建档立卡贫困户与对国家扶贫政策的态度　（单位：个，%）

	经常关注	比较关注	一般	不太关注	基本不关注	合计
是	9.16	32.75	33.86	16.89	7.34	100（1267）
否	8.01	26.92	34.48	23.47	7.12	100（899）

有效样本：2166；缺失值：9；卡方值：0.001。

（二）对扶贫资金使用和管理的态度

除了对国家扶贫政策关注度的考察外，课题组还考察扶贫政策实施过程中，农民对扶贫资金使用和管理情况的关注度。

1. 超过半数农户表示关注扶贫资金的使用和管理情况

在5243个农户有效样本中，表示关注扶贫资金使用和管理情况的样本为2872个，占比54.78%，相对较高。但也要看到，还有45.22%的受访者表示不关注扶贫资金的使用和管理情况，其态度较为消极。

表12－60　受访者对扶贫资金使用和管理的态度　（单位：个,%）

对扶贫资金使用和管理的态度	样本	占比
关注	2872	54.78
不关注	2371	45.22
合计	5243	100.00

有效样本：5243；缺失值：88；卡方值：0.0000。

2. 性别对农户的扶贫资金使用和管理关注度并无显著性影响

进一步对不同性别受访者的扶贫资金使用和管理关注度进行交叉分析，可知其卡方检验值为0.119，远高于0.05的显著性水平，说明性别对于农户的该关注度并无显著性影响，尽管男性的关注度要稍高于女性。

表12－61　性别与对扶贫资金使用和管理的态度　（单位：个,%）

对扶贫资金使用和管理的态度	关注	不关注	合计
男性	55.54	44.46	100（3203）
女性	53.29	46.71	100（1886）

有效样本：5089；缺失值：242；卡方值：0.119。

3. 青年农户对扶贫资金使用和管理的关注度较低

至于不同年龄层次的农户，其关注度也具有显著性差异。具体来看，青年农户相较于其他年龄层次农户，对扶贫资金的使用和管理的关注度较低，为48.98%，不到半数。

表 12-62　年龄与对扶贫资金使用和管理的态度　（单位：个，%）

对扶贫资金使用和管理的态度	关注	不关注	合计
18～30 岁	48.98	51.02	100（1025）
31～40 岁	57.41	42.59	100（1026）
41～50 岁	54.10	45.90	100（1610）
51～60 岁	59.54	40.46	100（875）
60 岁以上	54.53	45.47	100（695）

有效样本：5231；缺失值：100；卡方值：0.000。

4. 农村管理者对扶贫资金使用和管理的关注度最高

从不同职业农户的角度来看，务农、务工、经商农户及乡村教师的关注度相当，分别为 54.79%、52.79%、54.65% 和 56.15%；农村管理者的关注度最高，高达 80.41%；其他职业农户的关注度最低，仅为 44.26%。

表 12-63　职业与对扶贫资金使用和管理的态度　（单位：个，%）

对扶贫资金使用和管理的态度	关注	不关注	合计
务农	54.79	45.21	100（2128）
务工	52.79	47.21	100（1508）
经商	53.65	46.35	100（479）
乡村教师	56.15	43.85	100（374）
农村管理者	80.41	19.59	100（296）
其他	44.26	55.74	100（427）

有效样本：5212；缺失值：119；卡方值：0.000。

5. 高中学历农户的关注度最高

表 12-64　学历与对扶贫资金使用和管理的态度　（单位：个，%）

对扶贫资金使用和管理的态度	关注	不关注	合计
文盲	51.40	48.60	100（714）
小学	52.81	47.19	100（1460）
初中	54.76	45.24	100（1700）
高中	62.52	37.48	100（763）
大专及以上	56.56	46.44	100（590）

有效样本：5227；缺失值：104；卡方值：0.000。

数据分析显示，高中学历农户的关注度最高，达62.52%；文盲农户最低，仅为51.40%；其余学历层次农户的关注度相差不大，小学、初中、大专及以上农户分别为52.81%、54.76%和56.56%。

6. 家庭人均收入对农户的关注度无显著性影响

从不同家庭收入层次来看，农户对扶贫资金的使用和管理关注度并无显著性差异，其卡方检验值为0.827，远远大于0.05的显著性水平。

表12－65　家庭人均收入与对扶贫资金使用和管理的态度　（单位：个，%）

对扶贫资金使用和管理的态度	关注	不关注	合计
1600元及以下	54.17	45.83	100（1344）
1600～2300元	54.95	45.05	100（1587）
2300～3000元	53.94	46.06	100（1142）
3000～3700元	56.16	43.84	100（568）
3700元以上	56.29	43.71	100（556）

有效样本：5197；缺失值：134；卡方值：0.827。

7. 务工农户的关注度最低

数据分析结果显示，家庭收入来源为务工的农户对扶贫资金的使用和管理的关注度最低，仅为52.28%；收入来源为务农农户的这一关注度较高，为56.45%。

表12－66　家庭收入来源与对扶贫资金使用和管理的态度　（单位：个，%）

对扶贫资金使用和管理的态度	关注	不关注	合计
种植业	56.45	43.55	100（1970）
养殖业	54.10	45.90	100（366）
务工	52.28	47.72	100（1821）
经商	54.06	45.94	100（505）
其他	57.56	42.44	100（549）

有效样本：5211；缺失值：120；卡方值：0.070。

8. 贫困农户的关注度较高

农户是否被评为贫困户，其对扶贫资金的使用和管理关注度也具有显著差异。贫困户的关注度为61.55%，高于非贫困农户的50.16%。

表12－67 是否贫困户与对扶贫资金使用和管理的态度（单位：个，%）

对扶贫资金使用和管理的态度	关注	不关注	合计
是	61.55	38.45	100（2135）
否	50.16	49.84	100（3060）

有效样本：5195；缺失值：136；卡方值：0.000。

9. 建档立卡贫困户的关注度较高

进一步对是否建档立卡的贫困农户进行考察可知，已经建档立卡贫困农户的关注度为64.12%，远高于未建档立卡贫困户的57.96%，交叉分析的卡方检验值也证实了这一结果。

表12－68 是否建档立卡贫困户与对扶贫资金使用和管理的态度

（单位：个，%）

对扶贫资金使用和管理的态度	关注	不关注	合计
是	64.12	35.88	100（1257）
否	57.96	42.04	100（892）

有效样本：2149；缺失值：26；卡方值：0.004。

（三）对政府安排的扶贫活动的态度

在考察农户对扶贫政策及其执行的关注度外，课题组还考察了农户对精准扶贫活动的参与程度。

1. 近七成农户积极参加扶贫活动

调查数据显示，在5256个有效样本中，有3674位农户表示积极参加政府安排的各类扶贫活动，占比69.90%，约占7成，其参与度较高。但也要注意到，还有13.76%和16.34%的农户表示消极参加和不参加，其参与积极性较低。

表 12－69　受访者对政府安排的各类扶贫活动的态度（单位：个,%）

对政府安排的各类扶贫活动的态度	样本	占比
积极参加	3674	69.90
消极参加	723	13.76
不参加	859	16.34
合计	5256	100.00

有效样本：5256；缺失值：75；卡方值：0.0000。

2. 不同性别农户参加扶贫活动的积极性相差无几

交叉分析发现，不同性别农户参与扶贫活动的积极性无显著性差异。

表 12－70　性别与对政府安排的各类扶贫活动的态度（单位：个,%）

	积极参加	消极参加	不参加	合计
男性	69.85	14.37	15.77	100（3214）
女性	70.54	12.77	16.69	100（1887）

有效样本：5101；缺失值：230；卡方值：0.232。

3. 中年农户参与扶贫活动的积极性较高

对不同性别农户参与扶贫活动的积极性进行数据分析，可以看到，30岁以下的农户积极参加的比重较低，为65.98%；31～40岁、60岁以上两个年龄层次农户的参与积极性相当，积极参加的占比分别为68.93%和68.15%；41～50岁以及51～60岁两个年龄层次的农户参与积极性较高，分别达到71.53%和73.69%。总体而言，中年农户的参与积极性较高，青年农户较低。

表 12－71　年龄与对政府安排的各类扶贫活动的态度（单位：个,%）

	积极参加	消极参加	不参加	合计
18～30岁	65.98	15.00	19.02	100（1020）
31～40岁	68.93	16.94	14.13	100（1033）
41～50岁	71.53	14.23	14.23	100（1616）
51～60岁	73.69	10.59	15.72	100（878）
60岁以上	68.15	10.19	21.66	100（697）

有效样本：5244；缺失值：87；卡方值：0.000。

4. 经商农户和乡村教师参与积极性较低，农村管理者较高

由表 12－72 可知，经商农户和乡村教师参与扶贫活动的积极性较低，分别为 65.64% 和 64.89%；农村管理者的参与积极性较高，为 83.89%。

表 12－72　职业与对政府安排的各类扶贫活动的态度（单位：个，%）

	积极参加	消极参加	不参加	合计
务农	70.87	12.34	16.79	100（2132）
务工	68.61	14.33	17.05	100（1507）
经商	65.64	19.55	14.81	100（486）
乡村教师	64.89	19.15	15.96	100（376）
农村管理者	83.89	10.07	6.04	100（298）
其他	69.18	9.88	20.94	100（425）

有效样本：5224；缺失值：107；卡方值：0.000。

5. 学历越高，农户参与扶贫活动的积极性越高

交叉分析发现，学历对于农户参与扶贫活动的积极性具有显著性影响，其卡方值为 0.000。具体从数据来看，随着学历水平的增长，农户积极参与的比重逐渐增加，表示不参加的比重逐渐减少。

表 12－73　学历与对政府安排的各类扶贫活动的态度（单位：个，%）

	积极参加	消极参加	不参加	合计
文盲	63.83	13.13	23.04	100（716）
小学	69.14	15.05	15.80	100（1468）
初中	70.33	13.61	16.06	100（1712）
高中	72.85	12.58	14.57	100（755）
大专及以上	73.85	13.58	12.56	100（589）

有效样本：5240；缺失值：91；卡方值：0.000。

6. 中等收入农户参与度较低

从不同收入层次来看，中等收入农户参与扶贫活动的积极性较低，其中 1600～2300 元收入层次的农户表示积极参加的比重为 67.77%，2300～3000 元收入层次的农户表示积极参加的比重为 67.63%；其余收入层次的农户参与度基本相当，都超过七成。

表 12－74　家庭人均收入与对政府安排的各类扶贫活动的态度（单位：个，%）

	积极参加	消极参加	不参加	合计
1600 元及以下	71.05	11.74	17.21	100（1354）
1600～2300 元	67.77	15.49	16.74	100（1595）
2300～3000 元	67.63	16.84	15.53	100（1140）
3000～3700 元	73.24	11.44	15.32	100（568）
3700 元以上	74.59	9.73	15.68	100（555）

有效样本：5212；缺失值：119；卡方值：0.000。

7. 收入来源为养殖业农户的参与度较低

进一步对家庭收入来源不同的农户参与度进行考察，可以看到，收入来源为养殖业农户的参与积极性较低，仅为 59.03%；种植业、经商及其他收入来源的农户参与积极性相当，分别为 72.52%、72.55% 和 72.79%。

表 12－75　家庭收入来源与对政府安排的各类扶贫活动的态度（单位：个，%）

	积极参加	消极参加	不参加	合计
种植业	72.52	11.51	15.97	100（1972）
养殖业	59.03	25.61	15.36	100（371）
务工	67.42	15.58	17.01	100（1817）
经商	72.55	12.55	14.90	100（510）
其他	72.79	9.55	17.66	100（555）

有效样本：5225；缺失值：106；卡方值：0.000。

8. 贫困农户参与积极性较高

是否为贫困农户，其参与积极性也具有显著差异。贫困农户表示积极参加的比重高达 74.13%，高于非贫困农户的 67.12%；表示不参加的贫困农户占比仅为 13.24%，低于非贫困农户的 18.40%。

表 12－76　是否贫困户与对政府安排的各类扶贫活动的态度　（单位：个，%）

	积极参加	消极参加	不参加	合计
是	74.13	12.63	13.24	100（2138）
否	67.12	14.48	18.40	100（3060）

有效样本：5198；缺失值：133；卡方值：0.000。

9. 建档立卡贫困户的参与度较高

进一步对是否建档立卡的贫困农户进行考察可知，已经建档立卡贫困农户的参与度为79.64%，远高于未建档立卡贫困户的65.99%。

表12－77　是否建档立卡贫困户与对政府安排的各类扶贫活动的态度　（单位：个，%）

	积极参加	消极参加	不参加	合计
是	79.64	10.62	9.75	100（1262）
否	65.99	15.49	18.52	100（891）

有效样本：2153；缺失值：22；卡方值：0.000。

五、精准扶贫政策的被调查农户评价

（一）对扶贫政策实施效果的总体评价

1. 半数农户对扶贫政策的实施效果持中立态度

在5302个农户有效样本中，有4.56%和24.97%的受访者对扶贫政策实施的总体效果表示非常满意和比较满意，合计29.53%；对其不太满意和很不满意的样本占比分别为15.41%和4.92%，合计20.33%。值得注意的是，有50.13%的农户认为扶贫政策实施效果仅停留在一般水平，说明农户对扶贫政策存在较大的期望，希望扶贫政策实施得更好。

表12－78　受访者对扶贫政策实施效果的总体评价　（单位：个，%）

对扶贫政策实施效果的总体评价	样本	占比
非常满意	242	4.56
比较满意	1324	24.97
一般	2658	50.13
不太满意	817	15.41
很不满意	261	4.92
合计	5302	100.00

有效样本：5302　缺失值：29；卡方值：0.0000。

2. 性别对农户的评价无显著性影响

从不同性别农户关于扶贫政策总体实施效果的评价来看，男性与女性受访者并无显著性差异（P 值为 0.312，远大于 0.05 的显著性水平）。

表 12－79　性别与对扶贫政策实施效果的总体评价　（单位：个，%）

	非常满意	比较满意	一般	不太满意	很不满意	合计
男性	5.07	25.05	49.68	15.14	5.07	100（3237）
女性	3.89	24.96	50.97	15.61	4.57	100（1903）

有效样本：5140；缺失值：191；卡方值：0.312。

3. 年龄越大，农户对扶贫政策实施效果的评价越高

由下表可知，不同年龄层次农户对扶贫政策实施效果的评价具有显著性差异。具体看来，随着年龄层次的增长，农户对扶贫政策实施效果的评价越高。

表 12－80　年龄与对扶贫政策实施效果的总体评价　（单位：个，%）

	非常满意	比较满意	一般	不太满意	很不满意	合计
18～30 岁	2.51	16.04	56.91	18.07	6.47	100（1035）
31～40 岁	4.42	25.29	50.19	15.19	4.90	100（1040）
41～50 岁	5.16	26.76	48.80	14.61	4.67	100（1629）
51～60 岁	3.97	29.85	47.56	13.62	4.99	100（881）
60 岁以上	7.09	26.67	46.95	16.03	3.26	100（705）

有效样本：5290；缺失值：41；卡方值：0.000。

4. 务工农户和其他农户评价较低，农村管理者评价较高

表 12－81　职业与对扶贫政策实施效果的总体评价　（单位：个，%）

	非常满意	比较满意	一般	不太满意	很不满意	合计
务农	4.10	23.84	50.84	15.92	5.31	100（2148）
务工	3.54	20.18	53.80	16.97	5.50	100（1526）
经商	3.06	29.59	51.02	13.67	2.65	100（490）
乡村教师	6.32	32.11	46.05	11.05	4.47	100（380）
农村管理者	16.55	46.96	25.68	9.12	1.69	100（296）
其他	2.79	20.47	52.33	18.14	6.28	100（430）

有效样本：5270；缺失值：61；卡方值：0.000。

不同职业农户对扶贫政策总体实施效果的评价具有显著性差异。具体

来看，务工农户（其满意占比和为23.72%）和其他农户（其满意占比和为23.26%）评价较低，农村管理者的评价较高（其满意占比和为63.51%）。

5. 高中学历农户的评价较高

从不同学历层次农户来看，高中学历农户对扶贫政策总体效果的评价较高，非常满意和比较满意的占比和达37.55%。其余学历层次农户的满意度基本相当，都停留在28%左右。

表12－82 学历与对扶贫政策实施效果的总体评价 （单位：个,%）

	非常满意	比较满意	一般	不太满意	很不满意	合计
文盲	4.44	23.30	47.85	18.03	6.38	100（721）
小学	3.39	24.71	51.46	16.05	4.40	100（1477）
初中	4.63	23.32	51.56	16.15	4.34	100（1728）
高中	6.52	31.03	47.85	10.17	4.43	100（767）
大专及以上	4.72	24.62	48.90	15.18	6.58	100（593）

有效样本：5286；缺失值：45；卡方值：0.000。

6. 收入越高农户的评价越高

家庭人均收入不同的农户，对扶贫政策实施效果的总体评价也具有显著性差异。总的来看，随着收入水平的增加，其评价也随之增高，人均收入3700元以上的农户甚至达到了43.21%。

表12－83 家庭人均收入与对扶贫政策实施效果的总体评价（单位：个,%）

	非常满意	比较满意	一般	不太满意	很不满意	合计
1600元及以下	3.15	19.25	48.39	20.50	8.71	100（1366）
1600～2300元	3.99	23.83	52.15	15.91	4.12	100（1603）
2300～3000元	4.43	26.48	52.43	13.28	3.39	100（1152）
3000～3700元	6.28	29.84	49.74	11.87	2.27	100（573）
3700元以上	8.39	34.82	42.32	10.54	3.93	100（560）

有效样本：5254；缺失值：77；卡方值：0.000。

7. 收入来源为务工的农户评价较低，其他来源农户评价较高

由下表可知，家庭收入来源为务工收入的农户，对扶贫政策实施效果的总体评价相对较低，其认为非常满意和比较满意的占比和仅为23.94%；其他收入来源的农户评价则相对较高，上述占比和达40.54%。

表12－84　家庭收入来源与对扶贫政策实施效果的总体评价（单位：个,%）

	非常满意	比较满意	一般	不太满意	很不满意	合计
种植业	4.56	25.13	49.30	15.71	5.29	100（1986）
养殖业	6.18	24.46	43.28	20.97	5.11	100（372）
务工	3.59	20.35	52.94	17.68	5.44	100（1838）
经商	3.70	32.49	51.36	10.12	2.33	100（514）
其他	7.50	33.04	46.79	8.39	4.29	100（560）

有效样本：5270；缺失值：61；卡方值：0.000。

8. 贫困农户的评价较高

贫困农户相较于非贫困农户，对扶贫政策实施效果的总体评价要高，前者非常满意和比较满意的占比和为34.29%，后者仅为26.58%。交叉分析结果表明，二者具有显著性差异。

表12－85　是否贫困户与对扶贫政策实施效果的总体评价　（单位：个,%）

	非常满意	比较满意	一般	不太满意	很不满意	合计
是	5.44	28.85	47.42	13.54	4.75	100（2149）
否	3.98	22.60	51.68	16.61	5.12	100（3088）

有效样本：5237；缺失值：94；卡方值：0.000。

9. 建档立卡贫困户的评价较高

与是否为贫困户一样，是否建档立卡对于农户对扶贫政策总体效果评价也具有显著性影响。具体来看，建档立卡贫困户认为非常满意和比较满意的占比和为41.25%，远高于未建档立卡农户的24.02%。

表12－86　是否建档立卡贫困户与对扶贫政策实施效果的总体评价　（单位：个,%）

	非常满意	比较满意	一般	不太满意	很不满意	合计
是	6.55	34.70	45.03	10.49	3.23	100（1268）
否	3.89	20.13	51.39	17.80	6.79	100（899）

有效样本：2167；缺失值：8；卡方值：0.000。

（二）对扶贫政策帮助脱贫作用的评价

1. 近三成农户对扶贫政策的脱贫作用评价较好，超过四成持中立态度

在5291个农户有效样本中，有7.45%和22%的农户认为作用很大和作用较大，其和为29.45%，接近三成。有43.62%的农户持中立态度，认为其作用一般。同时，还有16.93%和10%的农户认为扶贫政策的脱贫作用较小和很小。总的来看，大多农户对扶贫政策的脱贫作用评价一般。

表12－87　受访者对扶贫政策对家庭的帮助作用的评价（单位：个，%）

扶贫政策对家庭的帮助作用	样本	占比
作用很大	394	7.45
作用较大	1164	22.00
作用一般	2308	43.62
作用较小	896	16.93
作用很小	529	10.00
合计	5291	100.00

有效样本：5291　缺失值：40。

2. 男性受访者对扶贫政策的脱贫作用评价比女性受访者高

对不同性别的受访者关于扶贫政策的脱贫作用进行调查，可知其卡方检验值为0.002，远低于0.05的显著性水平。具体从数据来看，男性认为作用很大及作用较大的占比分别为8.57%和22.05%，其和为30.62%，高于女性的这一占比。

表12－88　性别与对扶贫政策帮助脱贫作用的评价　（单位：个，%）

	作用很大	作用较大	作用一般	作用较小	作用很小	合计
男性	8.57	22.05	43.30	16.64	9.43	100（3233）
女性	5.80	21.45	44.02	17.55	11.18	100（1897）

有效样本：5130；缺失值：201；卡方值：0.002。

3. 青年农户对扶贫政策的脱贫作用评价较低

从不同年龄层次来看，显然18～30岁年龄层的农户对扶贫政策脱贫作用的评价较低，其认为作用很大和作用较大的占比和为23.62%，远低于

其他年龄层农户的该评价。

表 12－89 年龄与对扶贫政策帮助脱贫作用的评价 （单位：个，%）

	作用很大	作用较大	作用一般	作用较小	作用很小	合计
18～30 岁	5.13	18.49	47.34	18.39	10.65	100（1033）
31～40 岁	7.59	24.02	42.94	17.00	8.45	100（1041）
41～50 岁	8.46	21.73	43.46	15.99	10.37	100（1620）
51～60 岁	6.80	24.38	42.86	15.87	10.09	100（882）
60 岁以上	9.10	21.34	40.83	18.35	10.38	100（703）

有效样本：5279；缺失值：52；卡方值：0.005。

4. 务工农户的评价较低，农村管理者较高

不同职业农户对扶贫政策脱贫作用的评价不尽相同，总的来看，务工农户认为作用很大和较大的占比和为 25.09%，为各类职业中的最低评价；农村管理者的这一占比和是 54.88%，为各类职业中的最高评价。

表 12－90 职业与对扶贫政策帮助脱贫作用的评价 （单位：个，%）

	作用很大	作用较大	作用一般	作用较小	作用很小	合计
务农	7.80	21.40	42.52	17.66	10.61	100（2140）
务工	6.29	18.80	46.82	18.07	10.02	100（1572）
经商	5.32	23.31	46.83	15.34	9.20	100（489）
乡村教师	8.42	27.11	46.32	12.63	5.53	100（380）
农村管理者	17.17	37.71	30.30	10.77	4.04	100（297）
其他	4.69	19.25	41.08	19.25	15.73	100（426）

有效样本：5304；缺失值：72；卡方值：0.000。

5. 大专及以上农户对扶贫政策的脱贫作用评价较低

对不同学历层次的农户关于扶贫政策脱贫作用的评价进行分析，发现其具有显著性差异。从下表可知，大专及以上学历的农户评价最低，作用很大和较大的占比和仅为 25.74%；高中学历农户的评价较高，占比和为 33.08%。

表 12－91　学历与对扶贫政策帮助脱贫作用的评价　（单位：个,%）

	作用很大	作用较大	作用一般	作用较小	作用很小	合计
文盲	7.33	24.76	41.36	17.43	9.13	100（723）
小学	6.65	22.80	44.44	17.64	8.48	100（1474）
初中	8.13	19.51	44.08	17.31	10.98	100（1722）
高中	8.24	24.84	44.31	13.86	8.76	100（765）
大专及以上	6.77	19.97	42.47	17.43	13.37	100（591）

有效样本：5275；缺失值：56；卡方值：0.004。

6. 家庭人均收入与评价呈正相关

对不同收入层次的农户关于扶贫政策脱贫作用的评价进行分析可见，随着收入水平的增长，农户对于扶贫政策脱贫作用的评价逐渐增高。

表 12－92　家庭人均收入与对扶贫政策帮助脱贫作用的评价（单位：个,%）

	作用很大	作用较大	作用一般	作用较小	作用很小	合计
1600 元及以下	8.74	19.47	38.94	17.78	15.06	100（1361）
1600～2300 元	6.00	22.86	46.78	16.86	7.50	100（1601）
2300～3000 元	6.95	23.02	45.87	17.55	6.60	100（1151）
3000～3700 元	6.12	23.95	44.93	17.66	7.34	100（572）
3700 元以上	11.13	21.90	39.14	13.46	14.36	100（557）

有效样本：5242；缺失值：89；卡方值：0.000。

7. 收入来源为务工的农户评价较低，养殖业农户较高

表 12－93　家庭收入来源与对扶贫政策帮助脱贫作用的评价（单位：个,%）

	作用很大	作用较大	作用一般	作用较小	作用很小	合计
种植业	8.38	23.89	41.57	16.46	9.70	100（1980）
养殖业	9.95	27.42	40.86	13.71	8.06	100（372）
务工	5.94	18.65	46.02	18.48	10.91	100（1834）
经商	6.61	19.84	47.47	17.32	8.75	100（514）
其他	8.23	24.87	41.86	14.49	10.55	100（559）

有效样本：5259；缺失值：72；卡方值：0.000。

进一步对收入来源不同的农户进行交叉分析，卡方检验值也为 0.000，说明收入来源不同的农户对扶贫政策脱贫作用的评价具有显著性差异。具

体来看，收入来源为务工的农户评价较低，作用很大及较大的占比和仅为24.59%；收入来源为养殖业的农户评价较高，上述占比和为37.37%。

8. 贫困农户对扶贫政策的脱贫作用评价较高

贫困户与非贫困户对于扶贫政策的脱贫作用评价也具有显著性差异（P值为0.000），由下表可知，认为作用很大和作用较大的占比和，贫困农户为37.28%，非贫困农户为24.03%，前者远高于后者。

表12－94　是否贫困户与对扶贫政策帮助脱贫作用的评价　（单位：个，%）

	作用很大	作用较大	作用一般	作用较小	作用很小	合计
是	9.74	27.54	41.89	13.75	7.08	100（2146）
否	5.94	18.09	44.75	19.26	11.95	100（3079）

有效样本：5225；缺失值：106；卡方值：0.000。

9. 建档立卡贫困户的评价较高

与是否为贫困户一样，是否建档立卡对于农户对扶贫政策的脱贫作用评价也具有显著性影响。具体来看，建档立卡贫困户认为作用很大和较大的占比和为45.43%，远高于未建档立卡农户的25.89%。

表12－95　是否建档立卡贫困户与对扶贫政策帮助脱贫作用的评价（单位：个，%）

	作用很大	作用较大	作用一般	作用较小	作用很小	合计
是	12.15	33.28	41.09	9.07	4.42	100（1268）
否	6.25	19.64	42.97	20.31	10.83	100（896）

有效样本：2164；缺失值：11；卡方值：0.000。

（三）对国家扶贫政策及行动的看法

1. 超过3/4的农户对国家扶贫政策及行动较有信心

由表12－96可知，在5279个农户有效样本中，16.77%的受访者表示对国家的扶贫政策及行动充满信心，58.51%的农户表示有信心，二者占比和为75.28%，可见大部分农户对国家的扶贫政策及行动信心较足。同时也要看到，还有24.72%的农户对国家的扶贫政策及行动信心不足，其原因需要得到关注。

表 12-96　受访者对扶贫政策及行动的看法　　（单位：个,%）

对扶贫政策及行动的看法	样本	占比
充满信心	885	16.77
有信心	3089	58.51
信心不足	1305	24.72
合计	5279	100.00

有效样本：5279　缺失值：52。

2. 不同性别农户对国家扶贫政策及行动的信心无显著差异

从不同性别农户关于国家扶贫政策及行动的信心来看，男性与女性受访者并无显著性差异（P 值为 0.371，远大于 0.05 的显著性水平）。

表 12-97　性别与对扶贫政策及行动的看法　　（单位：个,%）

	充满信心	有信心	信心不足	合计
男性	17.55	58.04	24.41	100（3220）
女性	16.02	59.06	24.92	100（1898）

有效样本：5118；缺失值：213；卡方值：0.371。

3. 年龄与农户的评价呈正相关关系

由下表可知，不同年龄层次农户对国家扶贫政策及行动的信心具有显著性差异。具体看来，随着年龄层次的增长，农户对国家扶贫的信心呈上升趋势。

表 12-98　年龄与对扶贫政策及行动的看法　　（单位：个,%）

	充满信心	有信心	信心不足	合计
18~30 岁	11.23	57.62	31.15	100（1024）
31~40 岁	16.57	58.72	24.71	100（1032）
41~50 岁	18.18	57.98	23.84	100（1623）
51~60 岁	18.96	59.37	21.67	100（886）
60 岁以上	19.06	59.32	21.62	100（703）

有效样本：5268；缺失值：63；卡方值：0.000。

4. 务工农户信心相对不足，乡村教师和农村管理者信心相对较足

由下表可知，务工农户对国家扶贫政策及行动的信心相对不足，其充

满信心和有信心的占比和为71.19%；乡村教师的这一占比和为80.42%，农村管理者则为87.84%，二者信心都比较足。

表12－99　职业与对扶贫政策及行动的看法　（单位：个，%）

	充满信心	有信心	信心不足	合计
务农	16.78	58.53	24.70	100（2146）
务工	14.50	56.69	28.81	100（1517）
经商	14.81	64.40	20.78	100（486）
乡村教师	19.31	61.11	19.58	100（378）
农村管理者	32.77	55.07	12.16	100（296）
其他	13.21	58.25	28.54	100（424）

有效样本：5247；缺失值：84；卡方值：0.000。

5. 高中学历农户的信心相对较足，大专及以上学历农户相对不足

从不同学历层次来看，高中学历的农户对国家扶贫政策及行动的信心相对较足，其充满信心的占比为19.12%，相对较高；其信心不足的占比为22.50%，相对较低。与之相对应，大专及以上学历层次的农户对国家扶贫政策的信心相对不足，其充满信心的占比为14.70%，低于其他学历层次的农户；其信心不足的占比为28.03%，又高于其他学历层次农户。

表12－100　学历与对扶贫政策及行动的看法　（单位：个，%）

	充满信心	有信心	信心不足	合计
文盲	15.74	60.86	23.40	100（718）
小学	15.34	61.51	23.15	100（1473）
初中	17.99	55.59	26.43	100（1718）
高中	19.12	58.39	22.50	100（769）
大专及以上	14.70	57.26	28.03	100（585）

有效样本：5263；缺失值：68；卡方值：0.000。

6. 家庭收入越高的农户对国家扶贫政策及行动的信心越足

数据分析结果显示，家庭人均收入与农户对国家扶贫政策及行动的信心呈正相关关系，随着收入水平的增加，农户的信心逐渐提高，达到3700

元以上收入层次时，表示充满信心和有信心的占比和为81.77%。

表12－101　家庭人均收入与对扶贫政策及行动的看法（单位：个,%）

	充满信心	有信心	信心不足	合计
1600元及以下	18.37	51.54	30.09	100（1366）
1600～2300元	14.20	60.30	25.50	100（1592）
2300～3000元	15.23	61.36	23.41	100（1149）
3000～3700元	17.89	63.33	18.77	100（570）
3700元以上	22.02	59.75	18.23	100（554）

有效样本：5231；缺失值：100；卡方值：0.000。

7. 收入来源为务工的农户信心相对不足

进一步对收入来源不同的农户进行交叉分析，卡方检验值也为0.005，说明收入来源不同的农户对国家扶贫政策及行动的信心具有显著性差异。具体来看，收入来源为务工的农户信心较弱，其充满信心和有信心的占比和为72.54%，低于其他收入来源的农户。

表12－102　家庭收入来源与对扶贫政策及行动的看法（单位：个,%）

	充满信心	有信心	信心不足	合计
种植业	17.90	57.69	24.41	100（1983）
养殖业	17.79	57.95	24.26	100（371）
务工	14.44	58.10	27.46	100（1828）
经商	19.06	59.53	21.41	100（509）
其他	16.91	62.23	20.86	100（556）

有效样本：5247；缺失值：84；卡方值：0.005。

8. 贫困户的评价较高

贫困户与非贫困户对于国家扶贫政策及行动的看法也具有显著性差异（P值为0.000），由表12－103可知，表示充满信心和有信心的占比和，贫困农户为77.86%，非贫困农户为73.37%，前者高于后者。

表 12－103　是否贫困户与对扶贫政策及行动的看法 （单位：个,%）

	充满信心	有信心	信心不足	合计
是	18.31	59.55	22.14	100（2141）
否	15.72	57.65	26.63	100（3079）

有效样本：5220；缺失值：111；卡方值：0.000。

9. 建档立卡贫困户的评价较高

是否建档立卡对于农户对国家扶贫政策及行动的信心也具有显著性影响。具体来看，建档立卡贫困户表示充满信心和有信心的占比和为83.66%，远高于未建档立卡农户的69.79%。

表 12－104　是否建档立卡贫困户与对扶贫政策及行动的看法 （单位：个,%）

	充满信心	有信心	信心不足	合计
是	21.73	61.93	16.34	100（1261）
否	13.60	56.19	30.21	100（897）

有效样本：2158；缺失值：17；卡方值：0.000。

（四）对当地扶贫政策及状况的评价

1. 超过四成农户对当地的扶贫政策及实施状况较为满意

在5274个农户有效样本中，有8.27%和32.73%的农户对当地的扶贫政策及实施状况表示非常满意和比较满意，其和为41%，超过四成。有44.54%的农户持中立态度。同时，还有10.79%和3.68%的农户表示不太满意和很不满意。总的来看，超过四成农户较为满意，超过四成农户持中立态度。

表 12－105　受访者对当地扶贫政策及状况的满意度 （单位：个,%）

对当地扶贫政策及状况的满意度	样本	占比
非常满意	436	8.27
比较满意	1726	32.73
一般	2349	44.54
不太满意	569	10.79
很不满意	194	3.68
合计	5274	100.00

有效样本：5274；缺失值：57；卡方值：0.0000。

2. 男性受访者的满意度比女性受访者高

对不同性别的受访者关于当地扶贫政策及实施状况的满意度进行调查，可知其卡方检验值为0.058，接近0.05的显著水平。具体从数据来看，男性表示非常满意和比较满意的占比分别为8.42%和33.45%，其和为41.87%，高于女性的这一占比和。

表12－106　性别与对当地扶贫政策及状况的满意度（单位：个,%）

	非常满意	比较满意	一般	不太满意	很不满意	合计
男性	8.42	33.45	43.20	10.99	3.94	100（3220）
女性	7.80	31.21	47.13	10.81	3.06	100（1897）

有效样本：5117；缺失值：214；卡方值：0.058。

3. 青年农户的满意度较低

从不同年龄层次来看，显然18～30岁年龄层的农户对当地扶贫政策及其实施状况的满意度较低，其表示非常满意和比较满意的占比和为31.87%，远低于其他年龄层农户的该评价。

表12－107　年龄与对当地扶贫政策及状况的满意度（单位：个,%）

	非常满意	比较满意	一般	不太满意	很不满意	合计
18～30岁	5.46	26.41	51.17	12.87	4.09	100（1026）
31～40岁	9.50	36.14	39.63	11.63	3.10	100（1032）
41～50岁	8.22	32.26	45.55	9.89	4.08	100（1618）
51～60岁	9.08	36.21	42.57	8.85	3.29	100（881）
60岁以上	9.36	33.48	42.70	10.92	3.55	100（705）

有效样本：5262；缺失值：69；卡方值：0.000。

4. 务工农户的评价较低，农村管理者较高

不同职业农户对当地扶贫政策及实施效果的满意度不尽相同，总的来看，务工农户认为非常满意和比较满意的占比和为35.60%，为各类职业中的最低评价；农村管理者的这一占比和75.84%，为各类职业中的最高评价。

表 12－108　职业与对当地扶贫政策及状况的满意度　（单位：个，%）

	非常满意	比较满意	一般	不太满意	很不满意	合计
务农	7.15	30.72	46.42	11.50	4.21	100（2139）
务工	6.99	28.61	47.46	12.46	4.48	100（1517）
经商	5.77	34.85	47.22	10.31	1.86	100（485）
乡村教师	15.24	45.72	31.82	5.88	1.34	100（374）
农村管理者	23.49	52.35	20.81	2.68	0.67	100（298）
其他	4.43	30.07	48.95	11.89	4.66	100（429）

有效样本：5242；缺失值：89；卡方值：0.000。

5. 高中学历农户的满意度较高

不同学历层次的农户对当地扶贫政策及实施效果的满意度具有显著性差异。从下表可知，高中学历层次的农户表示非常满意和比较满意的占比和达46.41%。

表 12－109　学历与对当地扶贫政策及状况的满意度　（单位：个，%）

	非常满意	比较满意	一般	不太满意	很不满意	合计
文盲	9.18	32.13	44.23	10.99	3.48	100（719）
小学	7.57	34.11	45.43	9.62	3.27	100（1466）
初中	7.75	30.42	44.81	12.94	4.08	100（1716）
高中	10.30	36.11	41.07	9.00	3.52	100（767）
大专及以上	7.80	32.71	46.10	9.49	3.90	100（590）

有效样本：5258；缺失值：73；卡方值：0.022。

6. 家庭人均收入与评价呈正相关关系

表 12－110　家庭人均收入与对当地扶贫政策及状况的满意度　（单位：个，%）

	非常满意	比较满意	一般	不太满意	很不满意	合计
1600 元及以下	8.25	23.36	47.53	15.03	5.82	100（1357）
1600～2300 元	6.90	34.94	44.67	10.48	3.01	100（1594）
2300～3000 元	8.12	35.51	44.68	9.16	2.5.	100（1146）
3000～3700 元	9.12	37.54	44.04	7.54	1.75	100（570）
3700 元以上	11.67	38.96	36.80	8.08	4.49	100（557）

有效样本：5224；缺失值：107；卡方值：0.000。

对不同收入层次的农户关于扶贫政策脱贫作用的评价进行分析可见，随着收入水平的增长，农户对于扶贫政策脱贫作用的评价逐渐增高，当家庭人均收入达到3700元以上时，农户表示非常满意和比较满意的占比和达50.63%。

7. 收入来源为务工的农户评价较低，养殖业农户较高

对收入来源不同的农户进行交叉分析，卡方检验值也为0.000，说明收入来源不同的农户对当地扶贫政策及实施状况的满意度具有显著性差异。具体来看，收入来源为务工的农户满意度较低，非常满意和比较满意的占比和仅为37.26%；收入来源为养殖业的农户评价较高，上述占比和为54.45%。

表12－111　家庭收入来源与对当地扶贫政策及状况的满意度（单位：个,%）

	非常满意	比较满意	一般	不太满意	很不满意	合计
种植业	9.14	30.29	45.03	11.66	3.89	100（1981）
养殖业	13.21	41.24	32.08	8.89	4.58	100（371）
务工	6.47	30.79	47.34	11.34	4.05	100（1825）
经商	6.71	35.11	47.14	8.68	2.37	100（507）
其他	9.68	36.96	39.07	8.96	2.33	100（558）

有效样本：5242；缺失值：89；卡方值：0.000。

8. 贫困户的评价较高

贫困户与非贫困户对于当地扶贫政策及其实施效果的满意度也具有显著性差异（P值为0.000），由表12－112可知，表示非常满意和比较满意的占比和，贫困农户为47.94%，非贫困农户为36.22%，前者远高于后者。

表12－112　是否贫困户与对当地扶贫政策及状况的满意度（单位：个,%）

	非常满意	比较满意	一般	不太满意	很不满意	合计
是	11.05	36.89	39.09	11.07	2.89	100（2144）
否	6.34	29.88	48.24	11.31	4.23	100（3076）

有效样本：5220；缺失值：111；卡方值：0.000。

9. 建档立卡贫困户的评价较高

与是否为贫困户一样，是否建档立卡对于农户对当地政府的扶贫政策及效果的满意度也具有显著性影响。具体来看，建档立卡贫困户表示非常满意和比较满意的占比和为54.23%，远高于未建档立卡农户的38.89%。

表12－113　是否建档立卡贫困户与对当地扶贫政策及状况的满意度（单位：个，%）

	非常满意	比较满意	一般	不太满意	很不满意	合计
是	12.49	41.74	36.68	7.35	1.74	100（1265）
否	8.83	30.06	42.68	13.97	4.47	100（895）

有效样本：2160；缺失值：15；卡方值：0.000。

（五）对当地政府农村扶贫重视度的评价

1. 超过三成农户对当地政府农村扶贫工作的重视度较为满意

在5287个农户有效样本中，有6.79%和26.93%的农户认为当地政府对扶贫工作非常重视和比较重视，其和为33.72%，超过三成。有42.39%的农户持中立态度，认为一般。同时，还有17.51%和6.37%的农户表示不太重视和很不重视。总的来看，农户对当地政府扶贫工作的重视程度较为满意，但仍有超过四成农户认为一般，不能达到满意程度，说明地方政府的扶贫工作还有进一步改善的空间。

表12－114　受访者对当地政府农村扶贫重视度的评价（单位：个，%）

当地政府对农村扶贫重视度	样本	占比
非常重视	359	6.79
比较重视	1424	26.93
一般重视	2241	42.39
不太重视	926	17.51
很不重视	337	6.37
合计	5287	100.00

有效样本：5287；缺失值：44；卡方值：0.0000。

2. 性别对农户关于地方政府扶贫工作重视度的评价并无显著性影响

不同性别受访者关于地方政府对扶贫工作重视度的评价卡方检验值为

0.334，远高于0.05的显著性水平，说明性别对于农户的该评价并无显著性影响。

表12－115　性别与对当地政府农村扶贫重视度的评价（单位：个,%）

	非常重视	比较重视	一般	不太重视	很不重视	合计
男性	6.10	17.47	41.62	27.47	7.34	100（3229）
女性	6.69	17.70	43.26	26.19	6.16	100（1898）

有效样本：5127；缺失值：204；卡方值：0.334。

3. 年龄与农户的评价呈反相关关系。

从不同年龄层次来看，年龄与农户对地方政府扶贫工作重视度的评价呈反相关关系：年纪越轻的农户，认为地方政府扶贫工作非常重视和比较重视的占比和越高；反之，年纪愈长的农户，认为地方政府扶贫工作的这一占比和越低。

表12－116　年龄与对当地政府农村扶贫重视度的评价（单位：个,%）

	非常重视	比较重视	一般	不太重视	很不重视	合计
18～30岁	8.47	20.06	48.98	19.28	3.21	100（1027）
31～40岁	6.36	18.32	42.43	26.62	6.27	100（1037）
41～50岁	5.97	16.42	40.90	28.97	7.75	100（1626）
51～60岁	5.90	16.80	40.30	28.26	8.74	100（881）
60岁以上	4.96	16.17	39.01	31.77	8.09	100（705）

有效样本：5276；缺失值：55；卡方值：0.000。

4. 农村管理者对地方政府扶贫工作重视度的评价较低

表12－117　职业与对当地政府农村扶贫重视度的评价（单位：个,%）

	非常重视	比较重视	一般	不太重视	很不重视	合计
务农	6.45	17.80	43.06	26.67	6.03	100（2141）
务工	6.44	20.30	45.60	22.93	4.73	100（152）
经商	4.54	17.53	43.09	29.48	5.36	100（485）
乡村教师	7.63	16.58	35.79	32.63	7.37	100（380）
农村管理者	5.33	6.00	22.00	40.33	26.33	100（300）
其他	7.48	15.89	46.26	25.00	5.37	100（428）

有效样本：3886；缺失值：75；卡方值：0.000。

与上述所有关于不同职业农户的评价不同的是，农村管理者对地方政府扶贫工作重视度的评价较低，这可能与农村管理者作为扶贫工作的具体实施者，对地方政府在扶贫工作中存在的问题认识更深有关。

5. 高中学历农户的评价较低

对不同学历层次的农户关于当地扶贫政策及实施效果的满意度进行分析，发现其具有显著性差异。从表 12－118 可知，高中学历层次的农户对当地扶贫政策的满意度较低，其表示非常重视和比较重视的占比和为 19.71%。

表 12－118 学历与对当地政府农村扶贫重视度的评价（单位：个，%）

	非常重视	比较重视	一般	不太重视	很不重视	合计
文盲	5.98	20.17	40.61	26.70	6.54	100（719）
小学	5.91	17.54	43.24	27.80	5.51	100（1471）
初中	6.84	18.27	43.04	25.17	6.67	100（1724）
高中	5.74	13.43	40.94	30.38	9.52	100（767）
大专及以上	7.29	17.46	42.37	25.76	7.12	100（590）

有效样本：5271；缺失值：60；卡方值：0.008。

6. 家庭人均收入与评价呈反相关关系

对不同收入层次的农户关于扶贫政策脱贫作用的评价进行分析可见，随着收入水平的增长，农户对地方政府扶贫工作的重视度评价逐渐降低，当家庭人均收入达到 3700 元以上时，农户表示非常重视和比较重视的占比和仅为 17.89%。

表 12－119 家庭人均收入与对当地政府农村扶贫重视度的评价（单位：个，%）

	非常重视	比较重视	一般	不太重视	很不重视	合计
1600 元及以下	9.62	21.07	43.69	20.34	5.29	100（1362）
1600～2300 元	6.32	18.03	43.71	25.86	6.07	100（1597）
2300～3000 元	4.70	16.17	43.30	29.74	6.09	100（1150）
3000～3700 元	3.67	14.69	43.18	30.77	7.69	100（572）
3700 元以上	5.01	12.88	33.27	36.14	12.70	100（559）

有效样本：5240；缺失值：91；卡方值：0.000。

7. 收入来源为经商的农户评价较低，养殖业农户较高

进一步对收入来源不同的农户进行交叉分析，卡方检验值也为0.000，说明收入来源不同的农户对地方政府扶贫工作重视度的评价具有显著性差异。收入来源为务工的农户评价较低，非常重视和比较重视的占比和仅为25.88%；收入来源为养殖业的农户评价较高，上述占比和为34.05%。

表12－120　家庭收入来源与对当地政府农村扶贫重视度的评价（单位：个，%）

	非常重视	比较重视	一般	不太重视	很不重视	合计
种植业	6.26	17.47	41.49	26.96	7.82	100（1981）
养殖业	12.97	21.08	33.78	24.05	8.11	100（370）
务工	6.21	19.67	45.40	23.92	4.80	100（1835）
经商	4.67	14.40	41.44	33.66	5.84	100（514）
其他	4.67	10.95	42.55	31.78	10.05	100（557）

有效样本：5257；缺失值：74；卡方值：0.000。

8. 贫困户的评价较低

贫困户与非贫困户对于当地扶贫政策及其实施效果的满意度也具有显著性差异（P值为0.000），由表12－121可知，非常重视和比较重视的占比和，贫困农户为21.21%，非贫困农户为25.62%，前者低于后者。可以看到，与上述所有数据分析结果不同的是，贫困农户相较于非贫困农户的评价要低，这可能与国家扶贫政策实际效果有关，部分农民认为“中央政策是好的，只是地方念歪了”。

表12－121　是否贫困户与对当地政府农村扶贫重视度的评价（单位：个，%）

	非常重视	比较重视	一般	不太重视	很不重视	合计
是	5.89	15.32	40.68	29.75	8.36	100（2141）
否	6.68	18.94	43.59	25.04	5.74	100（3083）

有效样本：5224；缺失值：107；卡方值：0.000。

9. 建档立卡贫困户的评价较低

与是否为贫困户一样，是否建档立卡对于农户对当地政府对扶贫工作的重视度评价也具有显著性影响。具体来看，建档立卡贫困户表示非常重

视和比较重视的占比和为14.81%，远低于未建档立卡农户的30.28%。

表12-122　是否建档立卡贫困户与对当地政府农村扶贫重视度的评价

（单位：个，%）

	非常重视	比较重视	一般	不太重视	很不重视	合计
是	4.12	10.69	39.27	35.31	10.61	100（1263）
否	8.49	21.79	42.79	21.79	5.14	100（895）

有效样本：2158；缺失值：27；卡方值：0.000。

六、大样本调查的基本结论

（一）农户对减贫政策的评价基本满意，但还有较大提升空间

调查数据显示，农户对扶贫政策的总体评价较满意，对扶贫政策的脱贫作用评价较高，对扶贫政策及行动的信心较足，对当地的扶贫状况较为满意，对当地政府关于扶贫工作的重视度评价也较高，这些都表明国家扶贫政策在使农民脱贫致富的同时，也增强了农民对政府政策的满意度。与此同时，仍有很大一部分农户对扶贫政策及其落实状况持保守或不满意态度，扶贫政策还有进一步完善的空间，还需进一步实施推进。

（二）农户对基础设施类的精准扶贫项目需求尤为旺盛

农户对于村组、入户道路、农田水利设施、人畜饮水及电力设施、住房改造、文化、教育、医疗及体育设施、新能源建设等基础设施改造需求十分强烈，对资金补贴和金融支持需求也比较强，希望借由这些扶贫政策和项目实现脱贫致富。与此同时，我们也看到，我国农民对国家扶贫政策执行过程中在“做大蛋糕”的同时也要为做好“分好蛋糕”提出更高要求。

（三）农户的个体及家庭特征对于其扶贫政策认知、态度及评价都具有显著性影响

总的来看，男性、中年农户、中等收入、高学历、乡村教师和农村管

理者，对扶贫政策的知晓率、关注度、参与度及满意度都比较高；相比之下，女性、青年和老年农户、高收入、低学历、务工农户，对扶贫政策的知晓率、关注度、参与度及满意度都比较低。对此，国家在推行脱贫攻坚中不能“一刀切”，应以“目标需求”为导向，以农户关注度、需求度、满意度为标准，针对不同农户对个体及家庭特征，制订不同的扶贫策略和项目。

（四）贫困农户与非贫困农户对扶贫政策的认知及评价具有显著差异

数据分析显示，贫困农户对扶贫政策的知晓率、关注度、参与度及满意度都要比非贫困农户要高，且建档立卡的贫困户相较未建档立卡的贫困户，上述指标也要高。这些都表明，国家推行扶贫政策不仅是在积极引导农户脱贫，同时也增加农户对国家政策的认同度与满意度，能极大增强贫困农户对国家政权合法性的认同，这也能充分说明国家进一步推进精准扶贫，大力减少贫困人口的政治意蕴。

七、提高脱贫攻坚治理的对策建议

基于上述的调查分析，为进一步释放精准扶贫、精准脱贫方略的政策效应，让贫困农户早日摆脱贫困、享受改革开放成果，提出如下的对策建议。

（一）加强组织领导，突出重点，进一步加大对精准扶贫政策的宣传和贯彻力度

当前精准扶贫政策的宣传和贯彻离中央的要求和农民群体的期盼等还有一定的差距，表面上看是由于工作不力的原因，实质还是对精准扶贫的认识不够，没有从全面建成小康社会和共享改革发展成果的高度进一步提升对脱贫攻坚工作重要性的认识。应该按照“扶真贫、真扶贫”的要求，

强化领导责任制，严格考核督查问责，加强基层组织建设，激发贫困群众内生动力，采取多种形式加大扶贫政策的宣传力度。进一步抓好脱贫攻坚精准识别工作，坚持程序公开公正，执行规定动作不走样，切实避免贫困户不知自己是贫困户、村民不知全村有多少贫困户、谁是贫困户的现象发生。做好建档立卡系统和残疾人系统、民政系统的数据衔接工作。对建档立卡情况建立回访机制，不断健全完善台账信息，在“精准”上下真功夫，严把审核复审观，确保精准扶贫脱贫不漏一户一人，从而不断提高贫困农户对扶贫政策的满意度。

（二）更加注重因地制宜，精确施策，提高扶贫措施针对性和实效性

在脱贫攻坚进程中，既要关注减贫供给侧的改革，也要关注待脱贫农民的实际需求。认真贯彻精准扶贫“五个一批”计划，贯彻专项扶贫政策，切实提高财政专项扶贫项目的到户率和精准度，确保安排到县的扶贫资金80%以上用于贫困村、贫困户特色优势产业发展和能力建设，使贫困人口真正能够享受扶贫政策。通过完善税收、土地、信贷、人才等政策，引导劳动密集型产业向贫困地区梯度转移，提高贫困人口的就业机会和工作时间。在产业发展、移民搬迁、基础设施建设、金融扶贫等方面要更多地考虑农户的实际需求。与此同时，要制订和完善激励政策，引导市场主体与贫困村建立互惠互利、共同发展的双赢合作机制，推动“村企共建”，带动贫困村集体经济发展。特别是要通过市场唤醒贫困地区“沉睡”的资源，把资源转化为资产，将资产转化为资本，将资本变现为财富，从而推进脱贫攻坚任务的更好完成。

（三）着力构建整合扶贫资源的平台载体，提升脱贫攻坚的综合能力

各级政府有关部门和单位要及时将扶贫政策、措施、项目、资金等细化到位，落实到位，为精准扶贫脱贫工作开展创造条件。在管好用好现有

扶持资金、盘活存量的基础上，以“渠道不变、用途不变，各负其责、各记其功”为原则，确保增量，搭建平台。以扶贫攻坚规划、小片区综合治理项目、整村推进项目和连片开发试点项目等为载体，整合扶贫和相关涉农项目资金。与此同时，要把帮扶措施与贫困户现有条件能力有机结合起来，不仅要考虑精准脱贫还要着眼长远增收，实现贫困人口真正脱贫、稳定致富。同时应更加重视“互联网＋”思维的应用，大力发展电子商务、网店服务、网货供应等新兴产业，助力精准脱贫。要进一步完善因病致贫返贫医疗救助保障体系，有关部门要落实好已有政策，有效遏制和解决“因病致贫、因病返贫”问题。此外，要多措并举，充分激发贫困人口脱贫的内生动力，确保脱贫成效。

（四）全面提升减贫治理能力和水平，推动脱贫攻坚又好又快发展

帮助贫困地区和贫困人口摆脱贫困是现代政府履行责任的重要体现。除了“精准选配第一书记，精准选派驻村工作队”等外派干部以外，还要注重挖掘和培养乡村现有各方面人才，以弥补乡村精英的不足。可以尝试实施“贫困地区本土人才培养计划”，推动精准扶贫、精准脱贫方略的有效实施，离不开贫困治理体系和治理能力的现代化。“一手抓脱贫攻坚，一手抓基层治理”，寻求最佳治理支点，完善基层治理体系。在依靠行政力量的强大推动下，同时做好参与减贫的政府、企业（市场主体）、社会组织、社区（村）、贫困人口等相关主体的协同运作、协作互动、各尽所能。一方面要求政府适当放权，把一些权力让渡给基层政府和社区，另一方面也要求政府善治、善主导，提升减贫治理能力同时引领其他主体发挥作用。建议把扶贫机构从单纯的项目管理部门转变成为综合部门，更好地做好党委政府扶贫决策的参谋助手，不断加强精准扶贫政策的实施与监管。加大对贫困地区干部和扶贫开发干部的培训力度，以优良的作风持续推进扶贫减贫进程，提升扶贫减贫治理能力和水平。

附　　录

附录一

陕南移民搬迁：预防式治理的扶贫典范

——访移民搬迁研究专家、西北农林科技大学副教授　何得桂

本报记者　乔佳妮　通讯员　李明

陕南移民搬迁实施5年来，我省已有110余万人搬出大山奔小康，被长期从事山区发展与移民搬迁研究的西北农林科技大学研究生导师何得桂评价为：预防式治理，扶贫的典范。在实施移民搬迁过程中，何得桂曾领衔撰写了进一步完善陕南移民搬迁安置政策的若干建议，得到省委领导同志的重视。近日由他创作的《山区避灾移民搬迁政策执行研究——陕南的表述》一书也即将出版。日前，记者就相关问题采访了何得桂。

记者：请问什么是“预防式治理”？其显著特点是什么？有何重大意义？

何得桂：“预防式治理”是一个学术性概念，是相对于“被动型治理”而言的。被动型治理，指的是对相关事务或事件已经发生后治理主体所采取的应对举措，主动性和前瞻性均不足，属于“事后补救”的范畴。预防式治理，则强调治理主体本着未雨绸缪的理念，在相关事务或事件尚未发生时，主动采取各种手段和方式去积极应对，力争取得事半功倍的成效。

预防式治理的显著特点在于“防范胜于治疗”，是一种具有预见性的减灾和治贫的方法、策略和工具，也是对政府职能转型的精准定位。通俗地说，现代政府管理的目的是：使用少量的钱“预防”，而不是花大量的钱“治疗”。

在发挥市场资源配置中的决定性作用和更好地发挥政府作用的基础上，预防式治理将对包括精准脱贫、环境治理等社会公共问题的解决，对于减少治理风险、减轻公共部门负担和增强治理主动性等，都具有现实的和深远的重大意义。

记者：陕南移民搬迁是如何体现“预防式治理”的？为什么说是扶贫的典范？

何得桂：减少风险，是环境改善和摆脱贫困的重要结合点，政府在这一进程中可以扮演更加积极、更具智慧的角色，而不是被动的应对者。陕南大规模移民搬迁的实践，其本质特征在于“摆脱风险”或“减少风险”。在政府推动下主动规避风险，而不是以往简单地“复制农村”，是主动型、预防式的治理路径，具有鲜明的前瞻性、主动性特点，展现出减灾治贫的发展方向。

以“避灾减贫”为特色，以“挖险根”和“拔穷根”为主要目的的陕南移民搬迁，完全契合了精准扶贫、精准脱贫的要求，具有“领跑最先一公里”的特征，也是秦巴山区通过移民搬迁安置解决农村贫困人口的“开山之作”，让山区群众彻底摆脱“受灾—贫困—扶贫—再受灾—再贫困—再扶贫”的恶性循环，进而更好地脱贫摘帽，同步奔小康。

作为易地扶贫搬迁和避灾移民搬迁的典型代表之一，陕南移民搬迁工程是贯彻落实“五大发展理念”的生动实践，既注重“搬得出、稳得住”，也重视“能致富”和产业支撑，实现了政策的经济、生态、社会等多维的预期成效，是一项顺应广大民众需求和城镇化发展趋势的“功在当代，利在千秋”的工程。

同时，在精准扶贫和精准脱贫的大背景下，陕南避灾扶贫移民搬迁的“溢出效应”日趋明显，它既是欠发达地区、生态脆弱地区摆脱贫困的“治本之策”，也是推动就近城镇化的有效路径或模式，还是改善灾害治理和减少贫困的新型方式。陕南避灾扶贫移民搬迁实践所创造出的许多经验具有可复制、可推广的特点，不愧为我国山区精准扶贫、精准脱贫的“典范”。

记者：我省“十三五”将要完成200多万人易地扶贫搬迁，您认为如何借鉴陕南移民搬迁经验实现好对接呢？

何得桂：易地扶贫搬迁，是“预防式治理”的重要体现，它对于有效解决“一方水土养不起一方人”问题，以及改善和提升群众生产生活条件具有根本性的作用。目前，陕南移民搬迁对象绝大部分已被纳入易地扶贫搬迁范畴，其在实施中的工作推进机制方面的“高位推动”，调动社会力量和市场资源方面的“协同运作”，对移民安置社区及配套设施方面的同步规划、同步实施，以及注重产业培育、改善移民生计和创新安置社区治理等方面的经验和做法，都值得今后易地扶贫搬迁工作借鉴。

“十三五”时期，深入推进陕南移民搬迁工程一方面要持之以恒，继续围绕脱贫攻坚的总要求，确保移民搬迁政策的稳定性和连续性，一方面要坚持改革创新，进一步做好与易地扶贫搬迁政策在搬迁补助资金、安置方式和安置规模等方面的有机衔接和良性互动。陕南移民搬迁与易地扶贫搬迁，具有异曲同工之妙，都是“预防式治理”的理念和做法，应相互配合、影响、交融和协同发力，共同打造移民搬迁的“陕西样本”，在脱贫攻坚进程中展现“陕西力量”！

来源：《陕西日报》2016年4月14日第11版

附录二

陕南移民搬迁工程是“避灾减贫”的典范

——访陕南移民研究专家何得桂

记者：据我所知，您是陕南地区避灾移民搬迁工程研究的先行者之一，您是从什么时候开始关注这项工程的？

何得桂：我的主要研究领域是山区发展与基层治理，无论是10年前开始密切关注的农村集体林权制度改革，还是5年前重点对以秦巴山区为代表的集中连片特困地区移民搬迁的持续跟踪，事实上都是上述研究领域的核心着力点和重要体现。作为山区的儿子，我十分关注秦巴山区的发展状况与未来走向。2011年5月6日正式启动实施的陕南地区避灾移民搬迁工程是一项重大的移民工程、惠民工程、减贫工程和发展工程，规模史无前例，社会关注度很高。当时就引起了我极大的关注，并对它进行持续的跟踪调查和研究，一直延续至今。今后我还会对它继续予以关注和研究，进而推动这项工程向纵深发展，更好地造福于陕南民众。需要说明的是，我对它的调查调研不仅仅有政策目的和学术目的，还十分关注它的历史传承目的。陕南山区正在发生翻天覆地的变化，陕南农民经历了太多的起伏，避灾扶贫移民搬迁的历程构成了陕南地区历史不可或缺的一部分。作为一名学者，我有责任将2011年以来陕南移民搬迁的做法、进展、变化、经验等予以记录和呈现。

记者：这五年来，您对陕南移民搬迁工程主要做了哪些研究工作？

何得桂：2011年至今，我将研究的主要精力都放在了陕南避灾扶贫移民搬迁安置工作上。这些年我先后主持了《陕南地区大规模避灾移民搬迁政策执行研究》《陕南避灾扶贫移民生计可持续发展研究》《陕南移民搬迁成效评价及政策完善研究》等多项直接研究陕南移民搬迁的课题。依托这些课题我组建了一支由中国社会科学院、西北农林科技大学、四川大学、华中师范大学、陕西省社会科学院、陕西师大等单位10名专家组成的研究团队，协同开展调查研究和理论攻关。

陕南三市（汉中、安康、商洛）共有28个县（区），我实地调研过其中的24个县（区），走访的陕南移民搬迁安置社区（点）约200个，收集了大量第一手数据和资料。这些年我和我的团队对陕南地区避灾扶贫移民搬迁在理论方面和实践方面的创新进行了较为系统的研究，在《国家行政学院学报》《社会科学战线》《中国国情国力》*Ecological Economy* 等中外刊物上发表了近20篇的学术论文，在人民出版社出版著作1部，提炼出了“预防式治理”“移民搬迁式就近城镇化”“包容性扶贫”等学术思想。

除了重视实地调查的深度学术开发这一学术目的之外，在研究工作中，我以及我的团队还坚持“顶天立地，理论务农”的学术方针，非常重视实地调查的可分析性和可预测性，以此提高决策服务成效。例如，我领衔撰写的研究咨询报告《进一步完善陕南移民搬迁安置政策的若干建议》获得时任陕西省委书记的赵正永、陕西省人民政府副省长庄长兴等领导同志的重要批示，并被实际工作部门采纳应用。

记者：在打赢脱贫攻坚战的背景下，您对陕南移民搬迁工程的评价是什么？

何得桂：在我看来，以“避灾减贫”为特色，以“挖险根”和“拔穷根”为主要目的的陕南地区避灾移民搬迁工程完全契合精准扶贫、精准脱贫的要求，具有“领跑最先一公里”的特征，也是秦巴山区通过移民搬迁安置解决一批农村贫困人口的“开山之作”。实施移民搬迁政策可以让山区群众彻底地摆脱“受灾—贫困—扶贫—再受灾—再贫困—再扶贫”的恶性循环，进而更好地“摆脱贫困”。作为易地扶贫搬迁和避灾移民搬迁的典型代表之一，陕南地区大规模移民搬迁安置活动在中国减贫与发展进程中的意义和价值不言而喻！

陕南移民搬迁工程是贯彻落实“五大发展理念”的生动实践，既注重“搬得出、稳得住”，也重视“能致富”和产业支撑，它实现了政策的经济、生态、社会等多维的预期目标，是一项“功在当代，利在千秋”的工程。与此同时，陕南避灾扶贫移民搬迁的“溢出效应”日趋明显，它既是欠发达地区、生态脆弱地区摆脱贫困的“治本之策”，也是推动就近城镇化的有效路径或模式，还是改善灾害治理和减少贫困的新型方式。陕南避灾扶贫移民搬迁实践所创造出的许多经验具有可复制、可推广的特点。它不仅是集中连片特困地区摆脱自然风险和贫困的有效实现路径，也是我国山区精准扶贫、精准脱贫的“典范”。

记者：听说您的专著《山区避灾移民搬迁政策执行研究——陕南的表述》即将问世，可否简要介绍一下这本书的相关内容？

何得桂：好的。专著《山区避灾移民搬迁政策执行研究——陕南的表述》是我师从中国社会科学院农村发展研究所党国英研究员攻读博士学位论文基础上修改而成的，2016 年 3 月由人民出版社出版，全书 32 万字，共分为九章。这本书以陕南移民搬迁安置为主要研究对象，采取理论研究与实证研究相结合的方法，利用大量的第一手调查数据和资料，以移民风险规避和政策效益提升为主要关注点，以微观透视宏观，全面剖析了山区移民搬迁安置政策的出台、移民搬迁政策实施机制、政策执行偏差及影响、政策实施的主要制约因素以及移民搬迁效益如何提升等重要理论与现实问题。这项研究摆脱了以往易地扶贫搬迁政策执行中政府视角和单一视角的窠臼，重点从移民搬迁对象的视角出发，同时结合公共部门和基层治理视野，对山区精准扶贫政策的实施及效果进行多视角、多维度的描述、分析和展望，为我国打赢脱贫攻坚战提供了一定的理论指导和借鉴意义。教育部“长江学者奖励计划”入选者、教育部人文社会科学重点研究基地华中师范大学中国农村研究院执行院长邓大才教授为这本书作序，并认为：它“填补了陕南避灾移民搬迁研究的空白”。“这是一项用数据和事实说话、以微观透视宏观，既有学术理论意义又有政策实践价值的研究成果。”

来源：《陕南移民搬迁》2016 年第 1 期（总第 11 期）

附录三　首部当代陕南移民搬迁研究专著出版

本报讯（记者 唐冰）记者从西北农林科技大学获悉，近日，由该校人文社会发展学院副教授何得桂撰写的首部当代陕南移民搬迁研究专著《山区避灾移民搬迁政策执行研究：陕南的表述》正式出版发行。

据了解，该书近33万字，由人民出版社出版。该书采取理论研究与实践研究相结合的方法，利用大量的第一手调查数据和资料，以移民风险规避和政策效益提升为主要关注点，以微观透视宏观，全面剖析了山区移民搬迁安置政策的出台、移民搬迁政策实施机制、政策执行偏差及影响、政策实施的主要制约因素以及移民搬迁效益如何提升等重要理论与现实问题。

来源：《各界导报》2016年5月26日第1版

附录四　农村脱贫攻坚情况调查问卷

亲爱的朋友，您好！

我们是国家“985”“211”重点建设大学西北农林科技大学的老师和学生。随着中央一系列精准扶贫政策的出台，摆脱贫困问题越来越受到重视，此次问卷主要调查农村精准扶贫和精准脱贫状况，希望您抽出时间予以配合。本次调查不记名，感谢您的大力支持！

1. 您的年龄是：

①18～30岁　②31～40岁　③41～50岁　④51～60岁　⑤61岁及以上

2. 您目前的身份（或主要工作）是：

①以打工为主　②乡村教师　③个体户与私营企业主

④以务农为主　⑤农村管理者（如：村干部）　⑥其他__________

3. 您的文化程度：

①没上学　②小学　③初中　④高中　⑤大专及以上

4. 您所在的村是否有上级政府选派下来的“第一书记”？

①没有　②有

5. 您所在的村是否有驻村帮扶工作队？

①没有　②有

6. 你的家庭是否接受过驻村帮扶工作队帮助？

①接受过　②没接受过

7. 截至2015年12月底，您家是否是建档立卡贫困户：

①是　②不是

8. 您的家庭2015年人均收入是：

①1600元及以下　②1600～2300元　③2300～3000元

④3000～3700元　⑤3700元以上

9. 您的家庭收入主要来源是：

①种植业　②养殖业　③外出务工收入　④小本生意　⑤其他

10. 造成您身边家庭贫困的主要原因是什么？（可以多选）

①除农业以外没有其他收入来源（缺少脱贫门路）

②家庭成员患重病或残疾（因病致贫）

③子女上学负担重（因学致贫）

④抚养子女和孩子结婚负担重（因婚致贫）

⑤居住地的自然条件差

⑥因照顾老人孩子而无法外出务工（劳动力缺乏）

⑦基础设施落后、生产条件差

⑧自然灾害或突发事件

⑨赡养老人负担重

⑩其他（请填写）________________

11. 您认为当地政府对农村扶贫的重视情况怎样？

①很不重视　②不太重视　③一般　④比较重视　⑤非常重视

12. 您对目前扶贫政策的实施效果总体评价如何？

①很不满意　②不满意　③一般　④满意　⑤非常满意

13. 您觉得扶贫政策对自己家庭带来的帮助状况如何？

①作用很大　②作用较大 ③作用一般　④作用较小　⑤作用很小

14. 您对当地农民脱贫致富的看法是：

①充满信心　②较有信心　③没有信心　④无所谓

15. 您认为扶贫政策落实得怎么样？

①很不好　②不太好　③一般　④比较好　⑤非常好

16. 您认为现行的扶贫政策是否使您享受了实惠?

①说不清楚　②没有　③有

17. 您是否接受过以下技能培训?

①农业生产技能　②劳动力转移技能　③远程教育　④完全没有

18. 您对各种扶贫政策是否了解?

①基本不了解　②不太了解　③一般　④比较了解　⑤非常了解

19. 您是否参加过相关的扶贫项目?

①是　　②否

◆如果您参加过扶贫项目，参加了哪些项目?

① 退耕还林　② 公路建设　③ 人畜饮水工程　④ 电力设施建设

⑤ 农业生产　⑥ 技能培训　⑦其他（请填写）________

20. 您是否了解当地政府正在开展的扶贫项目?

①非常了解　②比较了解　③不太清楚　④完全没听说过

21. 您认为以下哪一项精准扶贫举措对于您来说最迫切?

①发展生产扶持　②劳务输出扶贫　③教育扶贫　④医疗救助

⑤生态脱贫　⑥易地搬迁脱贫　⑦政策兜底保障　⑧电商扶贫

22. 对于政府安排的各类扶贫活动，您是如何对待的?

①积极参加　②消极参加　③不参加

23. 政府正在开展的扶贫项目有没有针对当地的现实情况?

①有　②没有

24. 您的家庭所参加的社会保障项目有哪些?（可多选）

①最低生活保障　②新型农村社会养老保险　③新型农村合作医疗

④农村“五保”政策　⑤农村医疗救助　⑥其他（请填空）_______

25. 就您所知当前的扶贫项目有没有漏掉一些贫困家庭或是错置给非贫困家庭?

①有　　②没有

◆**如果有，原因是什么？**

①贫困家庭不愿意参与　　②贫困家庭无力参与

③非贫困家庭通过各种非正当关系获得　④政府硬性安排

⑤贫困家庭根本不知道有扶贫项目

26. 当地政府及相关部门有没有对扶贫资金、物资、项目等相关扶贫信息进行公示？

①经常有　②偶尔有　③从没有　④不知道

27. 您最希望政府为您家做些什么？

①提供资金扶持　②提供技术帮扶

③提供就业机会　④解决生活困难　⑤其他

28. 您认为，精准扶贫最重要的是什么？

①扶贫对象精准　②扶贫项目精准　③扶贫资金使用精准

④帮扶措施精准　⑤选派第一书记精准　⑥脱贫成效精准

29. 您认为，目前你所在的县（市）在扶贫开发中取得明显效果有哪些？

①农村贫困人口大幅度减少　②生产生活条件和社会事业显著改善

③贫困人口收入快速增长　④生态环境建设成效显著

30. 您认为国家惠农政策在当地的落实情况是：

①很好　②较好　③一般　④较差　⑤说不清楚

31. 您认为扶贫政策落实中还存在什么问题？（可多选）

①政策宣传得少，农民不知道有扶贫这回事

②户均扶贫资金少，不能真正实现脱贫

③政策监督不到位，扶贫资金被截留、抵扣或挪用

④扶贫项目少，扶贫人才不足

⑤政策参与程序复杂

⑥其他（请填写：______________）

32. 您觉得当前扶贫政策需要做哪方面的改进？（限选三项）

①政策宣传更及时、更深入

②扶贫力度更大、精准度更高

③加强扶贫资金审计和政策执行监督

④加强贫困状况监测，贫困县摘帽

⑤引进企业、社会组织等多元扶贫主体

⑥开展东西部、城乡、企事业单位、干部定点对口扶贫

⑦改变扶贫方式，侧重提高自主脱贫能力

⑧其他（请填写：__________________）

33. 您家里最希望得到以下哪3类项目的扶持（限选三项）：

①村组道路　　②入户道路　　③农田改造　④水利设施

⑤人畜饮水设施　　⑥电力设施　　⑦学校及其设施

⑧文化体育设施（含广播电视设施）　⑨卫生室及其设施

⑩住房改造或重建　⑪沼气、太阳能、天然气等新能源建设

⑫劳动力转移就业培训　⑬农业实用技术培训

⑭种养业资金补贴或免费提供种苗、禽畜

⑮仓储、运输和加工业资金补贴或用地优惠

⑯金融支持　　⑰其他（请注明：________）

34. 你所在家庭下一步的脱贫打算是：

①外出务工增加收入　　②在当地发展种植业或养殖业

③在当地发展农家乐　　④开小卖部、做生意

⑤申请低保　　⑥学习致富技术

⑦其他（请注明：____）

35. 您身边的人对国家的扶贫政策及行动怎么看？

①充满信心　　②有信心　　③信心不足

36. 您认为农村基层党组织及其领导班子在带领农民群众脱贫致中的

作用：

①发挥得很好 ② 发挥得较好 ③发挥得一般 ④发挥得不好

37. 您对“脱贫致富终究要靠贫困群众用自己的辛勤劳动来实现”这句话，怎么看？

①很认同 ②认同 ③不太认同 ④不认同

38. 您是否知道《中共中央、国务院关于打赢脱贫攻坚战的决定》？

①知道 ②不知道

◆如果回答“知道”，您是如何知道的？

①通过村民会议、村委会的公开告示或通知

②本身是村干部，获得个别通知

③通过其他村民得知 ④通过看电话得知 ⑤通过手机上网得知

⑥通过看报纸获知 ⑦其他途径（请填写）________

39. 您是否知道我国2016—2020年的扶贫目标？

①知道 ②不知道

40. 当地扶贫项目内容或对象确定前，您家里是否有机会参与讨论、提出建议或意见？

①是 ②否

41. 2015年，你们家是否为贫困户？

①是 ②否

42. 您是否听说过易地扶贫搬迁政策？

①听说过 ②没有听说过

43. 您是否希望开展易地扶贫搬迁？

①希望 ②不希望 ③说不清

44. 希望搬迁的主要原因是：

①农业生产更方便 ②道路、水电等基础设施条件更好

③更容易找工作 ④子女上学更方便

⑤看病就医更方便　　⑥其他（请填写）________

45. 不希望搬迁的原因是：

①已经习惯了 没必要再搬　　②祖祖辈辈生活的地方不能说走就走

③搬迁太麻烦　　④搬迁成本太高　　⑤其他（请填写）________

46. 您认为目前的居住地是否适宜继续生产生活？

①非常不适宜　②比较不适宜　③一般　④比较适宜　⑤非常适宜

47. 您身边的农户对政府的诉求主要有（限选三项）：

①改善基础设施　　②扶贫政策执行要更公平

③提高教育水平　　④加大疾病救助

⑤提高移民搬迁补助　　⑥投放更多扶贫项目

⑦改善生态环境　　⑧解决饮水问题

⑨增加就业机会　　⑩提供技术支持

48. 您是否关注国家的扶贫政策？

①基本不关注　②不太关注　③一般　④比较关注　⑤经常关注

49. 您是否关注扶贫资金的使用和管理情况？

①关注　　②不关注

50. 您对当地扶贫政策及其扶贫状况的满意情况：

①非常满意　　②比较满意　　③一般

④不太满意　　⑤很不满意

调查地点：　　省　　县（区）　　乡（镇）　　村（社区）

被调查者性别：①男　　②女

调研员姓名：　　调查时间：　　年　　月　　日

再次感谢您的配合，祝您家庭幸福、身体健康！

附录五　关于视察陕南地区移民搬迁工作推进情况的函

政协陕西省委员会办公厅

关于视察陕南地区移民搬迁工作推进情况的函

西北农林科技大学人文社会发展学院：

委员视察工作是人民政协组织委员对国家宪法、法律和法规的实施以及党和国家重大方针政策贯彻落实情况，经济、政治、文化、社会、生态文明建设中的重大问题，人民群众普遍关注的重要问题，国家机关及其工作人员的工作情况等，进行实地察看，咨政建言，反映社情民意，开展民主监督。

根据《政协陕西省委员会2016年视察考察调研安排》，省政协办公厅定于2016年5月16日至20日组织省政协常委视察团，就陕南地区移民搬迁工作推进情况赴汉中市、安康市进行监督性视察。

特邀请贵单位副教授何得桂同志参加本次视察。请该同志提前安排好本职工作，全程参加视察，并围绕视察内容，学习有关文件，做好准备工作。视察活动具体安排，另行通知。

联系人：李付刚　63903650　13201521668

政协陕西省委员会办公厅

2016年5月11日

主要参考文献

[1] 党国英，吴文媛. 城乡一体化发展要义［M］. 浙江大学出版社，2016.

[2] 党国英. 贫困类型与减贫战略选择［J］. 改革，2016（8）.

[3] 党国英. 脱贫攻坚进程中易地扶贫搬迁研究的拓展与深化——评何得桂著《山区避灾移民搬迁政策执行研究：陕南的表述》［J］. 生态经济，2017（1）.

[4] 邓大才. 小农政治：社会化小农与乡村治理——小农社会化对乡村治理的冲击与治理转型［M］. 中国社会科学出版社，2013.

[5] 邓大才. 占据易地搬迁扶贫研究制高点的学术力作——评《山区避灾移民搬迁政策执行研究：陕南的表述》一书［J］. 西北农林科技大学学报（社会科学版），2016（5）.

[6] 邓大才. 中国农村产权变迁与经验——来自国家治理视角下的启示［J］. 中国社会科学，2017（1）.

[7] 杜发春. 三江源生态移民研究［M］. 中国社会科学出版社，2014.

[8] 葛剑雄. 中国移民史［M］. 五南图书出版公司，2005.

[9] 贺东航，孔繁斌. 公共政策执行的中国经验［J］. 中国社会科学，2011（5）.

[10] 何得桂，党国英. 陕南避灾移民搬迁中的社会排斥机制研究［J］. 社会科学战线，2012（12）.

[11] 何得桂，李卓. 陕南地区避灾移民搬迁的价值与困境［J］. 科学经济社会，2013（3）.

[12] 何得桂. 西部山区避灾扶贫移民型社区管理创新研究——基于安康的实践［J］. 国家行政学院学报，2014（3）.

[13] 何得桂，鄢闻. 灾害风险视域下避灾移民的迁移机理与现状及对策［J］. 农业现代化研究，2014（3）.

[14] 何得桂，党国英. 移民搬迁：集中连片特困地区精准扶贫的有效实现路径 [J]. 党政研究，2015 (5).

[15] 何得桂，党国英. 西部山区易地扶贫搬迁政策执行偏差研究——基于陕南的实地调查 [J]. 国家行政学院学报，2015 (6).

[16] 何得桂. 山区避灾移民搬迁政策执行研究：陕南的表述 [M]. 人民出版社，2016.

[17] 何得桂，党国英，杨彦宝. 集中连片特困地区精准扶贫的结构性制约及超越——基于陕南移民搬迁的实证分析 [J]. 地方治理研究，2016 (1).

[18] 何得桂，董宇昕. 就近移民搬迁：新型城镇化的一个重要推进模式——陕西脱贫攻坚进程中的移民搬迁实践及启示 [J]. 国家治理，2016 (33).

[19] 侯东民，张耀军，孟向京等. 西部生态移民跟踪调查——兼对西部扶贫战略的再思考 [J]. 人口与经济，2014 (3).

[20] 胡润泽. 搬得出 稳得住 能致富——陕西省汉中市移民搬迁安置工作的实践与思考 [J]. 求是，2013 (16).

[21] 刘金海. 制度现代化的基本问题 [J]. 探索与争鸣，2016 (9).

[22] 陕西省国土资源厅政策调研组. 深刻理解省委省政府决策部署 是扎实有效推进当前移民搬迁工作的根本保证——全省移民搬迁工作观摩座谈会精神学习体会 [N]. 陕西日报，2016-08-30.

[23] 习近平. 摆脱贫困 [M]. 福建人民出版社，2014.

[24] 徐勇. 历史延续性视角下的中国道路 [J]. 中国社会科学，2016 (7).

[25] 徐勇. 城乡一体化进程中的乡村治理创新 [J]. 中国农村经济，2016 (10).

[26] 温都拉，黄锋，张秋洁等. 扶贫政策：农民的评价如何 [N]. 社会科学报，2016-03-31.

[27] 张琦，黄承伟. 完善扶贫脱贫机制研究 [M]. 经济科学出版社，2015.

后　记

本书是关于移民搬迁与精准扶贫研究的又一项阶段性成果，它在一定程度上较为集中地展示了我近年来关于贫困治理的若干思考和研究。2016年3月，人民出版社出版的我的专著《山区避灾移民搬迁政策执行研究：陕南的表述》作为新时期移民搬迁研究的创新之作，受到学界和社会的广泛关注，被学界认为具有填补山区移民搬迁研究空白的重要意义。如果说《山区避灾移民搬迁政策执行研究：陕南的表述》是本人移民搬迁研究“三部曲”的第一部，那么即将出版的这项成果可以算作是移民搬迁研究“三部曲”的第二部。有所不同的是，前者侧重政策执行，后者更多关注贫困治理。这些都与本人的主要研究领域——山区发展与基层治理密切相关。上述研究成果其实也凝聚着我的团队成员的共同努力，特别是侯江华、鄢闻、李卓等人的辛勤付出，我对此要表示感谢！

农村农民问题是现代化进程中的重大现实问题，政策目的、学术目的和历史目的成为本人“三位一体”的追求。在我看来，从事社会科学的教学和研究过程中，学术研究和政策研究完全可以做到辩证统一。政策研究并不比学术研究容易，它需要拥有科学扎实的学术研究作为基础；学术研究中的科学问题大都需要在现实问题中予以发现和提炼，学术研究需要做到理论与实践相结合。

近年来，本人在认真述学立论的同时，积极建言献策，更加主动服务改革发展。这里仅以2016年为例进行简要列举。

2016年3月18日下午，我受邀给中共西安市委办公厅做了《提升西安市脱贫攻坚质量的若干思考》专题报告，获得组织者和听众的好评，也推动了相关研究成果的转化。

2016 年 4 月 14 日《陕西日报》刊登对我的专访文章《陕南移民搬迁：预防式治理的扶贫典范——访移民搬迁研究专家、西北农林科技大学副教授　何得桂》，该报道刊发后引起强烈关注并受到诸多好评。

2016 年 5 月 16 日至 20 日，本人受邀参加陕西省政协常委视察工作《关于组织省政协常委视察团视察陕南地区移民搬迁工作推进情况的通知》（陕政协办函〔2016〕70 号），视察团团长由省政协副主席千军昌担任，视察团一行深入汉中、安康等地进行视察，同时还分别听取了陕西省国土资源厅、汉中市人民政府、安康市人民政府关于陕南移民搬迁工作推进情况的汇报以及商洛市人民政府关于陕南移民搬迁工作推进情况的书面汇报。视察结束后，本人为视察报告《坚定信心 迎难而上 全面打赢陕南移民搬迁攻坚战——关于陕南地区移民搬迁工作推进情况的视察报告》的撰写做出重大贡献。陕西省政协办公厅后来把这份视察报告呈送给相关部门和领导。它不仅先后获得陕西省人民政府冯新柱副省长、庄长兴副省长的重要批示，也被评为全省政协系统优秀调研成果。

2016 年 6 月 25 日，本人作为主要成员参与完成了中宣部马克思主义理论研究和建设工程 2015 年度重大课题暨国家社科基金重大委托项目《陕西省避灾扶贫移民搬迁工程实践经验研究》，完成书稿《地方政府治理能力现代化的探索——陕西省避灾扶贫移民搬迁工程实践经验研究》的第一章、第四章、第五章以及完成第六篇的撰写任务等。

2016 年 7 月 16 日至 21 日，本人作为带队教师带领“赴秦巴山区精准扶贫状况调研服务队”（校级重点立项队伍、队长陈俊凯，共有来自 3 个学院、6 个专业、6 个省（区）的 14 名学生参加）到安康市汉滨区、紫阳县、白河县等地开展调研服务活动。值得一提的是，这支服务队被评为西北农林科技大学 2016 年大学生暑期社会实践优秀队伍一等奖，本人也荣获 2016 年陕西省大中专学生暑期“三下乡”活动先进个人、全国大中专学生志愿者暑期“三下乡”社会实践活动优秀个人等荣誉称号。

2016 年 11 月 23 日，本人受韩城市移民搬迁工作办公室的邀请参加《韩城市“十三五”移民（脱贫）搬迁安置专项规划》专家评审会，并担任专家组组长，充分发挥了社科专家的作用，以智慧服务移民（脱贫）搬迁工作。

与此同时，本人作为陕西省移民搬迁学会的主要发起人为该学会的筹建做出了重要贡献。陕西省国土资源厅党组书记、厅长王卫华同志2016年5月6日对本人有如下的书面评价：“何教授关注移民搬迁、关心陕西发展精神可嘉。移民搬迁这项重大工程关乎经济社会发展、城镇化建设、生态文明和城乡统筹，需要更多像何教授这样的专家学者关注、支持、指导。”

此外，本人于2016年10月中旬赴日本的东京市、松江市等地进行学术交流。与日本农林中金综合研究研究所进行深入座谈并重点介绍了秦巴山区移民（脱贫）搬迁的做法和经验，参加第14届日中国际联合研讨会并在大会上做了有关陕西移民搬迁的专题报告，在国际舞台上发出移民搬迁的“陕西声音”，提出了移民搬迁的“陕西方案”。同时还赴岛根县云南市槻之屋地区、饭南町谷地区等地对基层治理、产业发展等进行学术考察。

在本书即将付梓之际，我要真诚感谢陕西省国土资源厅、陕西移民（脱贫）搬迁工作办公室、陕西移民（脱贫）搬迁工程有限公司等机构对本人长期以来的鼎力支持。感谢陕西省农林科学院综合办公室、西北农林科技大学新农村发展研究院、西北农林科技大学团委等机构对本人科学研究和相关调查给予的大力支持！感谢知识产权出版社的兰涛老师，她以负责的精神和专业的水准，为本书做了出色的编辑工作，为本书的出版给予有力支持并付出艰辛努力。

本项目研究得到了陕西移民（脱贫）搬迁工程有限公司特别委托项目（ZD201601），陕西省农业协同创新与推广联盟科技项目（LM 2017017）以及西北农林科技大学科研启动专项资金资助项目（2016Z43）的部分资助，本书是这三个研究项目的一个阶段性成果，特此感谢！

何得桂

2016年12月29日